教练技术
成为更出色的管理者（第4版）

[英] 朱莉·斯塔尔 　/ 著
（Julie Starr）

欧兰辉　苏靖然 　/ 译

清华大学出版社
北京

内 容 简 介

本书面向管理者和领导介绍了如何成为有教练能力的高级管理人才。书中详细阐述教练能力为什么是管理者必须具备的重要技能、如何成为教练型领导或管理者、如何在日常工作与生活场景中熟练应用教练技术。本书特色鲜明，穿插了大量练习、反思性问题及技巧，旨在帮助读者逐步培养关键的教练技能。无论是初涉教练领域的管理者，还是经验丰富的领导，都能从书中丰富的案例、实用的技巧以及对教练活动的深度剖析中释放内在的教练能力，立竿见影地提升个人、团队以及组织的整体表现。

本书适合想要成为教练以及提升个人影响力和领导力的读者阅读与参考。

北京市版权局著作权合同登记号　图字：01-2023-5861

Authorized translation from the English language edition, entitled BRILLIANT COACHING: Become a manager who can coach, 4e, 978-1292725567 by Julie Starr, published by Pearson Education Limited, copyright © Pearson Education Limited 2012, 2017, 2023.

All Rights Reserved. No part of this book may be reproduced or transmitted in any form or by any means, electronic or mechanical, including photocopying, recording or by any information storage retrieval system, without permission from Pearson Education Limited. CHINESE SIMPLIFIED language edition published by Tsinghua University Press LIMITED, Copyright © 2025.

This Translation of BRILLIANT COACHING 4e is published by arrangement with Pearson Education Limited.

本书中文简体翻译版由培生教育出版集团授权给清华大学出版社出版发行。未经许可，不得以任何方式复制或传播本书的任何部分。

AUTHORIZED FOR SALE AND DISTRIBUTION IN THE PEOPLE'S REPUBLIC OF CHINA ONLY (EXCLUDES TAIWAN, HONG KONG, AND MACAU SAR). 仅限在中华人民共和国境内（不包括中国香港、澳门特别行政区和台湾地区）销售。

本书封面贴有 Pearson Education(培生教育出版集团) 激光防伪标签，无标签者不得销售。

版权所有，侵权必究。举报：010-62782989，beiqinquan@tup.tsinghua.edu.cn。

图书在版编目(CIP)数据

教练技术：成为更出色的管理者：第4版 / (英) 朱莉·斯塔尔 (Julie Starr) 著 ; 欧兰辉，苏靖然译. -- 北京：清华大学出版社, 2025. 9. -- ISBN 978-7-302-54868-3

Ⅰ. F272

中国国家版本馆CIP数据核字第2025P6C296号

责任编辑：文开琪
封面设计：李　坤
责任校对：周剑云
责任印制：杨　艳
出版发行：清华大学出版社
　　　　　网　　　址：https://www.tup.com.cn，https://www.wqxuetang.com
　　　　　地　　　址：北京清华大学学研大厦A座　　　　邮　　编：100084
　　　　　社 总 机：010-83470000　　　　　　　　　邮　　购：010-62786544
　　　　　投稿与读者服务：010-62776969，c-service@tup.tsinghua.edu.cn
　　　　　质量反馈：010-62772015，zhiliang@tup.tsinghua.edu.cn
印 装 者：涿州汇美亿浓印刷有限公司
经　　销：全国新华书店
开　　本：160mm×230mm　　　印　　张：12.75　　　字　　数：238千字
版　　次：2025年9月第1版　　　　　　　　　　　印　　次：2025年9月第1次印刷
定　　价：99.00元

产品编号：104742-01

前　言

欢迎阅读本书。本书重点探讨如何将教练能力融入管理工作，旨在为管理者与领导提供一份实用的教练对话指南。它不仅可以帮助您深入理解教练的核心原则和理念，还能增强您的个人技能和学习能力，帮助您成为更出色的领导。

在第 4 版中，我保留了过去 30 年团队合作中被证明有效的许多教练方法和实用工具，它们与本书的主题高度相关。此外，我也新增了一些内容，这些内容源自我们团队在教练领域的持续研究和实践。例如，随着工作方式的持续演变，越来越多的人选择远程办公，如此一来，管理者就不得不面对如何领导和管理虚拟团队的挑战。常见的沟通方式是视频会议。视频会议也带来了一个亟待解决的重大问题：如何保证员工的敬业度（投入度或参与度）和绩效？这是一个全新的挑战，因为我们已经清楚地意识到远程办公与敬业度、绩效是如何相互影响的。在第 2 章的开篇，我将探讨员工的敬业度，并说明教练能力如何成为激励和激发员工工作积极性的关键纽带。

我还在网站 www.LearnStarr.com 提供了免费的教练材料。这些材料可以在免费资源区找到。如果您是《教练手册》和《辅导手册》的读者，还可以享受更多专享的免费下载资源。

认真想想您选择这本书的原因，是想获得更多与教练相关的意识和能力，还是想帮助自己决定在什么时间用什么方式进行教练活动？无论出于什么原因而阅读本书，我都表示欢迎。为了帮助您获得更高质量的阅读体验，我要先介绍一下本书的结构。

本书的结构与内容

本书分为四个部分。

第Ⅰ部分：觉察（知）

第Ⅱ部分：能力（行）

第Ⅲ部分：应用（合）

第IV部分：行动（一）

下面的介绍旨在帮助您深入理解教练的原则，以及掌握教练思维与行为模式的运用技巧。

第I部分：觉察（知），旨在探讨教练的本质及其在职场中的应用

这部分将探讨教练在组织内部或者职场中的定义，清晰地界定"教练"一词的内涵和外延，探讨教练能力之于管理工作的意义，以及管理者或领导在应用教练能力时如何转变思维方式和态度。您可以通过反思自己在实际工作中的角色、处境和挑战，进一步理清个人的思维模式，确定如何运用教练能力来充分发挥自己的领导作用。

本书假设您的角色是管理者或领导。然而，即使您没有担任正式的管理职务，也能受益于本书倡导的理念。若您的工作涉及定期与他人交流，那么教练能力无疑能够为此提供帮助。若您的职责是赋能，协助其他人变得更智慧、更投入、更高效，那么我确信教练能力肯定会给您带来丰厚的回报。

第II部分：能力（行），重点强调需要培养的教练核心技能

这部分将深入探讨运用教练能力时需要培养的核心技能，包括如何提出更有效的问题以及如何给出有建设性的反馈。这些技能不仅在日常管理和教练过程中至关重要，而且还适用于日常交流，甚至生活中的各个领域。我将通过对话和生活中的实例来展示这些技能在实际情境中的应用。然而，仅仅理解理论知识是不够的。为此，我还要针对实践练习提供一些小的建议，帮助您在日常工作中应用这些技能。这些练习大多可以在不引人注意的情况下进行，因此您无须担心其他人会注意到自己的教练行为——实际上，许多人都是低调开启自己的教练之旅的。

第III部分：应用（合），探讨如何在职场中有效应用教练能力

这部分将探讨如何在职场中有效运用教练能力。我将介绍一些基本的原则和结构来帮助您在工作场景中运用教练能力。我将探索不同的应用方式，无论是在正式的、有计划的教练对话中，还是自然提供指导和建议的日常交流场景。当然，为了使教练能力真正发挥作用，其效果应该至少不输于您之前用过的方法，甚至更胜一筹。因此，本部分将帮助您从一个新的角度看待问题，发现教练原则的实用价值。此外，我还要教导您如何迅速作出教练式的反应，这不仅有助于推动任务和问题的进展，还能帮助其他人培养和提升独立思考能力和学习能力。

第IV部分：行动（一），探讨如何保持精进

最后这部分专注于帮助您理解如何通过行动的方式持续提升教练能力，我将为此提供一些建议。和您想象的一样，我要提出一些教练问题来帮助您将教练行为融入日常工作中。我要鼓励您反思当前哪些机会可以用到教练能力，以及哪些因素可能阻碍您的进一步发展。一旦为未来的发展做好准备，您就能够识别机会、解决问题并将书中介绍的这些理念付诸实践，最终在工作与生活上取得更大的成就。

阅读工具

在阅读本书的过程中，您会看到我精心设计的一些提示框，我的目的是方便您尽快动手实践和学习。这些提示框分为下面几种类型。

悬停与反思

这种提示框将提出一系列问题，引导您进行自我教练，将书中的理念与您的个人经验和情境相结合。可以选择写下答案并将其大声念出来或者静下心来思考。关键在于，这些问题类似于教练对话，旨在激发您的思考和行动。一旦开始认真面对这些问题，就意味着本书开始对您产生实际的影响。

实践出真知

这种提示框将提供一些练习，帮助您将所学的教练原则和行为方式应用于实际生活与工作中，化知识为力量。通过这些练习，您可以加深理解并提升实际应用能力。尽可能在日常交流或会议中尝试这些练习。抽出时间进行实践尤其重要，因为只有通过实践，您才能真正体会到书中这些强大的理念有何价值。

要点速览

这种提示框将提供一些实用技巧和建议，帮助您快速掌握核心要点。例如，提供有效反馈时的注意事项和禁忌，以及制订行动计划或后续步骤时需要避免的问题。这种提示框中的内容简明扼要，便于您随时回顾和参考。

检查清单

这种提示框将提供检查清单。贯穿全书，我会在适当的位置提供这种实用的检查清单，提醒您关注重要的信息和原则。这些检查清单如同您的小助手，可以帮助您更有信心地应对各种状况，比如处理高难度的对话或基于教练原则来召开会议。通过提前进行思考和准备，您可以避免许多不必要的困扰。

名词解释

这种提示框将用浅显易懂的语言来解释一些专业术语或流行词汇，例如，"辅导"与"教练"有何不同？"引导"这个词有何确切的含义？这些解释往往不是因为您没有自己的理解，而是因为需要更明确的"权威背书"或佐证。在阅读过程中发现这些名词解释，不仅会让您发现自己实际上已经掌握了不少的知识，而且还会让您因此而更有信心。

自我觉察检查

要想改变行为，提升自我觉察是第一步。这种提示框将引导您反思自己的态度、行为和信念假设，帮助您更好地了解自己并因而实现选择自由。

重点回顾

每章结尾部分都要总结当前这一章的要点，帮助您确认是否已经掌握了所有的内容，或者提醒您留意关键的信息。这种提示框还可以作为速查清单，方便您在需要重温某个主题时快速找到相关的要点。

阅读建议

对于本书，您可以选择从头到尾通读，也可以随手翻阅，甚至还可以选择性地阅读自己最感兴趣的核心内容。或许您对教练有效提问清单特别感兴趣，或者想从新的角度理解倾听技巧。又或许您不愿意提供反馈，只希望找到更自然的方式。无论您的阅读偏好如何，我的目标都是帮助您应对挑战和实现目标。事不宜迟，让我们马上开始了解教练的定义以及教练能力为什么对新质领导力至关重要吧。

致谢

回首我的教练学习和实践之旅，许多人为我这本书（包括书中呈现的观念和观点以及我们团队服务过或正在服务的管理者与领导者相关教练项目）做出了贡献。此时此刻，我要向他们表示诚挚的谢意，他们是理查德·班德勒、布兰登·贝斯、凯文·比莱特、迪帕克·乔普拉、斯蒂芬·柯维博士、弗兰克·丹尼尔斯、兰德马克·艾德凯辛、米尔顿·H.埃里克森、约翰·格林德、拜伦·凯蒂、卡罗琳·梅斯、M.斯科特·派克、安东尼·罗宾、埃克哈特·托勒、布莱恩·特雷西、约翰·惠特莫爵士。我还要感谢艾洛伊丝·库克和丽贝卡·尤，感谢她们在本书写作和修订过程中提出的质疑、想法和建议。

简 明 目 录

第 I 部分　觉察（知）

第 II 部分　能力（行）

第 III 部分　应用（合）

第 IV 部分　行动（一）

详 细 目 录

第Ⅱ部分　能力（行）

第Ⅲ部分　应用（合）

第 IV 部分　行动（一）

第1部分

觉察（知）

第 1 章

什么是教练

本章将详细阐述教练的定义、作用机制以及教练可以带来的诸多好处。我将深入探讨教练式对话的独特之处，并揭示采用教练风格对管理工作产生的积极影响。此外，我还要对比强指导型与弱指导型这两种影响力方式，让您有机会反思自己的个人影响力，以便及时调整和改进。

1.1 工作场景中的教练如何定义

作为一种实践，教练方式指的是一种对话或交流风格，其核心在于两个人之间的互动过程。作为教练的一方致力于营造一种对话来使对方受益并促进其学习、行动以及实现目标。教练式对话可以在各种环境和不同的时间框架内展开。无论是咖啡机旁的闲聊，还是需要深入探讨的正式会议，都可能发生教练式对话。某次交流是否属于教练式对话，更多取决于对话的互动方式，而非具体的地点、时长或内容。教练式对话可能持续两分钟或两个小时，因为判断教练式对话的标准最终取决于它所产生的影响。例如，我可能花一个小时告诉某人在某种情况下他应该怎么做，但他可能会理所当然地忽略我的建议。相反，我可以选择问一个简单但具有挑战性的问题，例如"您认为真正阻碍您个人发展的因素是什么？"这可能会使对方意识到自己之前完全没有关注过的问题。第二种以提问为主的对话方式，产生了教练的效果，因为它激发了对方的思考，让对方自行得出结论。

以下问题有助于判断对话是否为教练式对话：

• 对话的目的是否集中于教练对象身上？

• 教练在与教练对象互动时，是否怀有积极的意图？

• 教练是否运用了聆听、提问和反思等技巧？

• 在教练过程中，教练对象是否进行了深入思考并在教练活动结束后真正受益于反思？

• 对话过程是否在一定程度上促进了教练对象的思考、学习或行动？

教练活动的作用类似于催化剂，能够激发人们对某个话题进行更深
入的思考和领悟，让教练对象反思：如果没有这次教练式对话，自
己是否还能产生这些思考、洞见或想法？然而，教练活动的有效性
取决于教练对象。因此，要判断对话是否达到教练的效果，最好的
评判标准应该来自教练对象，而不是教练本人。

1.1.1 工作场景下教练能力的应用

高质量的教练活动能够显著提升他人的表现。通过激发他人的自我思
考、行动和学习，教练可以帮助他们更加积极地投入到工作中。作为
管理者，仅仅满足于成为专业领域的天才或专家是远远不够的。为
了帮助企业或组织实现持久的高绩效，管理者必须持续培养人才并
使其表现更好。

然而，管理者仅通过过度控制或微观管理来取得成效，甚至在管
理过程中给员工造成巨大的压力并使其不堪重负，这对所有人都
没有好处。相反，管理者要赋能员工，以适当放手而非过度控制
的方式支持他们表现得更好。

作为教练和管理者，在对话过程中，既要关注谈话对象，也要关注正在讨论的任务场景或现实背景。这意味着管理者需要不断强化下属解决问题的能力，而不是只强化自己的能力或帮助下属提升解决问题的能力。刚开始这样做的时候，您可能有些不习惯。您需要保持自我觉察，明确自己何时成功实现了这一点，了解哪些简单的回应可以帮助自己认识到自己已经取得了成功。

在第 8 章中，垫脚石模型（stepping-stone model）[1] 将展示从强指导型调整为弱指导型的不同路径。

教练型管理者注重聆听、善于提问并积极鼓励人独立思考与行动。借助于这些简单易行的举措，他们能够赋能员工并使其保持高绩效，激励他们通过自主学习来提升工作能力。正所谓"授人以鱼，不如授人以渔"，这是实现组织可持续发展的关键。

名词解释

直属员工

直接向您汇报工作的人员。在组织架构中，你们之间没有其他管理层级。

下属

组织中级别低于您的人员，其职责范围相对较小和职位等级相对较低。本书中，此词与"直属员工"含义相同。

同事

组织内与您共同工作的人员，例如直属员工、下属以及级别高于您的人员。

---

[1] 译注：垫脚石是指持续探寻之路的阶段性发现。另一种是"寻宝者心态"，即执着于具体的目标和计划。正所谓"小任务靠计划，大成就靠垫脚石"。第 8 章中的垫脚石模型如下所示：

指示　　　　　　　　　　　　　　　自我主导型

指令　建议　观点　观察　总结　提问　沉默

团队成员

与您有上下级汇报关系的团队成员，特指您所领导的团队。即便您不是对方的管理者，也可以设想此类情境。从逻辑上讲，团队成员包括直属员工、下属及同事。

同级

组织内与您级别相同的人员，其角色在责任、级别、地位等方面与您相当。须牢记，尽管从人性角度出发，认为人人平等，但组织内部各个角色的价值因职责影响而有所不同。

1.1.2 工作场景下教练如何发挥作用

教练的理念和行为在各种场景与互动中都能发挥作用，应用范围非常广泛。例如：

- 面对面交谈的场景，既有计划内和计划外的，也有正式和非正式的；

- 小组对话或者一对一的对话；

- 视频会议的场景，例如 Zoom 或者 Teams 等平台；

- 电子邮件往来交流；

- 电话沟通。

对于教练活动，我首先基于一个核心假设：只要我们给予对方适当的鼓励，就能使其独立解决问题。因此，我经常提出这样的问题："您有哪些选择？""如此说来，真的需要做些什么呢？"或"您希望做些什么？"这些问题虽然简单，却能从"直接给出建议"转向"询问他们打算如何行动"，这样的转念和提问，正是教练式管理风格的精髓。

为了有效地开展教练活动，您要努力成为更好的倾听者，培养相关的能力去询问对方的想法和理解对方的观点。在对话过程中，我们重视建立开放和信任的关系，这是我们发挥个人影响力的基础。本书的第 II 部分将专门讨论能力和技巧，有兴趣的读者可以直接阅读第 II 部分。

1.1.3 自发参与胜过被迫服从

减少强指导型管理方式的应用，能够带来显著的好处：一旦人们开始
自发地解决问题，就更倾向于全身心地投入到解决方案的创造与执行
中。反之，若解决方案是由其他人直接提供的，一旦执行未达预期，
执行者就会觉得自己对失败没有太大的责任。例如，我以前指示贾尼
斯召集所有与该项目相关的人员开会商讨解决方案。然而在组织会议
时，贾尼斯发现很难让所有人在同一天聚齐。由于提议并不是贾尼斯
主动提出的，所以他可能并不会主动想办法，而是轻易放弃，直接向
我汇报："会议无法举行，因为每个人都很忙，时间上难以协调。"
相反，如果开会是贾尼斯自己的主意，他则更可能全力以赴，主动地
想办法消除阻力，而不是轻易放弃。

> 一旦人们开始自发地解决问题，就更倾向于全身心地投入到解
> 决方案中。

此外，一旦您开始鼓励人们更主动地承担责任，就会使其信心与执
行力逐步得以增强。当您不再自动提供帮助或扮演救世主的角色时，
您对他们的赋能就开始了。

1.2 虚拟团队与远程办公带来的挑战

在现代化的工作场景中，许多管理者和领导者都面临着一项重大
的挑战：如何有效管理远程团队和远程办公的员工？此时面临如
下挑战：

- 如何才能有效沟通？

- 如何对整体优先级和生产效率保持关注？

- 如何增强员工对组织的归属感？

随着远程办公的普及，教练成为管理者不可或缺的能力。管理者需
要学会有效引导对话，而非总是采取强指导型对话方式。运用教练
技巧时，管理者应多倾听，少发言，鼓励团队成员积极贡献自己的

想法。设想一个场景：团队视频会议中，管理者通过提问来听取参会者的意见；再通过引导、询问和澄清来加深团队成员间的相互理解，从而进一步确认共识。凭借这些方法，管理者可以确保每个成员都能实际"在场"。

再设想另一个场景：同样的视频会议中，参会者只是静坐，等待管理者发言或下达指令，而管理者努力填补尴尬的沉默。这种非教练式的管理方式，并不能鼓励团队成员深度参与，反而会让他们觉得会议及团队和自己没关系，进而更不愿意贡献意见。教练方法和技巧适用于虚拟办公和传统线下办公普遍存在的这种挑战。

1.3 强指导型与弱指导型的区别

在工作场景中应用教练技术，意味着在影响员工或管理工作过程中采用较少指导的方式。从字面上理解，这意味着您与下属互动时会主动给他们留出更多空间，更少直接提供建议和答案。您相信他们清楚自己的需要，并且您也能够适时放手。遵循"多听少说"的原则，您更倾向于采用弱指导型的对话方式来鼓励人们形成自己的想法和观点。

这种对话风格的转变可以发生在任何交流形式中，无论是 Zoom 或 Teams 等网络视频会议，还是电子邮件沟通。显而易见的转变是，当您教练他人时，实际上是鼓励更多自主性，由他们自我主导。这就要求您愿意将对话原则从强指导型转为弱指导型。您愿意选择相信"他们知道怎么做"，而非"我知道怎么做"。图 1.1 展示了强指导型和弱指导型这两种对话方式对日常生活的不同影响。

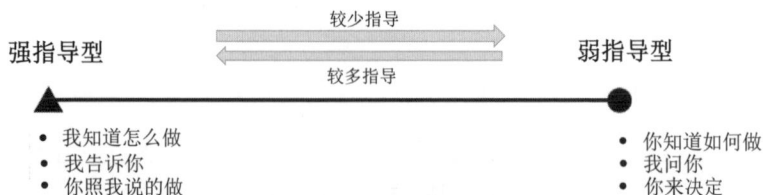

图 1.1 影响方式量表

下面举例说明管理者与下属互动中如何用强指导型和弱指导型对话方式来回应下属。

强指导型方式	弱指导型方式
"您需要给卡拉打电话，让她参与进来。"	"好的，我理解了，那么接下来您要怎么做呢？"
"这又是计划制订的问题，我们总是无法准确预估时间！"	"这是一个相当普遍的问题，不是吗？您认为是什么原因造成的？"
"嗯，我建议一周之内不要发布信息，让人们先消化一下这个想法。"	"好的，最好的沟通计划是什么？您是怎么想的？"

1.3.1 教练不必刻意表现得友好

在前面的例子中，可以观察到，个人影响方式的选择并不依赖于教练或管理者的语气，也不依赖于他们看起来是否友好。实际上，一个人可以表现得友好，同时仍然采用强指导的方式。例如：

> [用非常温和的语气说] 我注意到您最近遇到一些挑战，是不是？如果是这样，要不要先把团队召集起来，我来开个会……或许这能稍微改善一下气氛。

在这样的场景下，管理者在展现出友好、热情和支持的同时，也表现出了明显的强指导型对话风格。他刚刚基于他所认为的最佳假设给出了指示。此外，由于管理者的介入和提供帮助，问题的责任发生了微妙的转移。虽然他的干预可能是想拯救下属，但也可能让下属觉得自己受到了轻视。尽管开会可能是一个好主意，但下属并没有参与整个思考过程，也没有机会主动提出自己的计划。这种影响方式使得管理者的风格被定义为强指导型。

自我觉察检查

问 您对教练技术持有怀疑态度吗？

如果您对教练技术有所怀疑，我鼓励您提出自己的见解。通常，这种怀疑只是一个信号，推动您寻求自己所看重的真实。我的责任并不是说服您相信我所认为的真实，而是帮助您揭示属于您个人的真

> 相——您如何认识自我以及如何与其他人合作。书中的哪些观点或理念适合您，完全由您自己决定。一旦您有所发现，这些认识将成为您宝贵的个人财富，它既不属于我，也不属于其他任何人。

从定义上讲，教练并不总是表现得"友好"或"温和"，甚至可能非常强硬。管理者选择弱指导的对话方式，仍然能发挥显著的影响力。例如：

💬 ［用坚定有力的语气说］是的，好，我完全理解您的意思，我需要知道您接下来打算怎么做……

在这种情况下，管理者确认自己已经理解了正在发生的事情，并鼓励下属自己提出解决方案。尽管这种语气可能显得有些直接，但这并非问题的关键。关键在于，管理者正在鼓励甚至推动下属对自己的处境和解决方案负起责任来。这正是这种风格被视为弱指导型影响方式的原因。当下属在这种处境下被赋予更明确的责任时，这种弱指导型影响方式可能会给他们带来更多的压力。作为管理者，需要评估这种做法对下属是否会有建设性的帮助。

> 弱指导型影响方式可能会给下属带来更多的压力。

1.3.2 教练的双重角色：硬汉与泰迪熊

作为教练，虽然可以根据教练对象和具体情况来决定需要展现怎样的温度，但最终的决定权在于个人。我们必须认识到，尽管教练工作通常涉及温暖、鼓励和友好，但这并不是教练工作的全部定义。更重要的是，教练对象愿意和您对话。有些人可能不喜欢过于友好的风格，而更偏好单刀直入。只有您才能根据互动的对象或情境来判断什么方式对自己最有效的以及采用何种方式最为合适。关键在于培养能力以驾驭不同的风格，使自己能以多种方式适应不同的人和情境。第 II 部分将更深入地探讨这个话题。

导师和教练有何不同？

在职场中，导师会根据辅导对象的情况提供全面的支持，包括其职业发展的总体规划。传统上，导师被认为是"明智的向导"，因为他们拥有专业领域的技能或知识。在具体的工作场景中，导师会讲故事并提供意见或建议，因为他们的专业经验与辅导对象的工作情况是强相关的。很多时候，导师会提供非常实际的帮助。虽然他们都有很好的沟通技巧，但这并不是他们做好辅导工作的前提，导师的独特之处是他们始终关注关系的发展。比如，导师通常通过以诚信和礼貌的方式来获得辅导对象的尊重，由此形成他的影响力。

虽然导师的工作看起来更像是强指导型的活动，但好的导师普遍具有教练能力，因为如果没有能力倾听、提问和提供挑战或反馈，导师的建议可能就是无关紧要的甚至不受欢迎的。

如果您想更全面地了解导师的角色和作用，请参阅我的另一本书《辅导手册》。

1.3.3 强指导型风格的适用场景

采用强指导型风格本身没有错，有时甚至是最高效的，尤其是在无法通过教练方式传授知识的情况下。

在某些情况下，教练方式可能不那么有效，这时就需要选择强指导型风格，尤其是在不需要其他人独立思考或自行做决定的场景下。

- 当某人需要解决当前的问题但不知道从哪里获得信息而您刚好掌握了这些信息时，再询问他们"可以问谁"就显得毫无意义。

- 在某些情况下，遵循标准流程或规定即可完成任务，此时显然没有必要让他们自行决定。

- 当人们处于焦虑或压力之下时，要求他们做分析或做决定反而可能增加他们的压力。焦虑时，人们往往难以清晰地思考，此时更需要安慰和引导，而非向他们提问，加大他们的压力。在这种情况下，向焦虑的人提出一系列挑战性的问题，虽然可能使其慢慢冷静下来，但实际上效果相当有限。

维持警觉，避免说教，转而提问

在教练过程中，我们能够迅速进行调整。例如，当有人向您描述一个问题时，不要立即回应"好吧，现在您要做的是……"，而是简单地询问："好吧，那么您认为需要怎么做？"若要实现这样的转变，首要任务是打破自动响应模式，尽可能保持警觉和自我意识。

1.3.4 强指导型风格失效的场景

持续下达指令通常被视为一种不灵活（僵化）的管理方式，长此以往，可能会给管理者带来问题。如果员工总是被告知该做什么和不该做什么，那么他们将无法有效学习，甚至可能觉得工作乏味而失去动力。管理者不鼓励思考，甚至会容易导致员工变得依赖性更强，经常寻求上级的指示。随着时间的推移，可能会变得懒惰。在组织中，如果让他们觉得自主权低，他们可能变得犹豫不决，缺乏行动的信心。他们可能对上级的指令唯命是从，不像对待自己的解决方案那样投入。他们可能会默默地想："好吧，是您让我这么做，我才这么做的，但这行不通。"

强指导型管理风格可能导致的后果是，团队成员缺乏独立思考的机会，长此以往，团队的创造力和思维敏锐度可能会逐渐减弱。在这样的情境下，解决问题似乎成为管理者的独角戏，团队成员可能不会主动思考可能的解决方案。

图 1.2 说明了强指导型方式和弱指导型方式如何影响互动关系与响应模式。

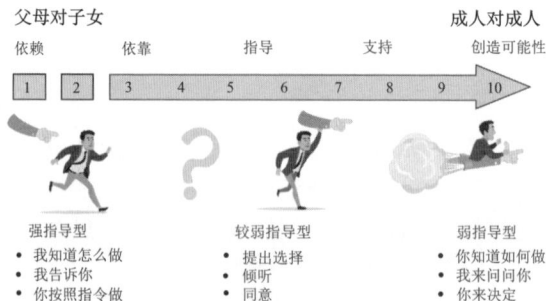

图 1.2 影响方式对应的响应程度

1.3.5 管理者的"家长式"管理风格对下属行为的影响

管理者可能经常抱怨:"为什么我的团队不能独立思考呢?"

实际上,员工依赖性强,其根源往往在于管理者。如果管理者频繁下达指令,那么他们与下属之间的关系可能就类似于"父母与子女"的关系。由于管理者提供了详尽的指令和解决方案,并没有鼓励员工独立思考如何解决问题,所以他们实际上是以"父母呵护子女"的方式在培养自己的团队。随着时间的推移,这种"养育"方式的结果是团队成员习惯于等着上级给出指令和解决方案,从而愈发依赖自己的上级。长此以往,上级的管理方式将影响他们与团队的关系以及下属的成长和发展。

> 管理者的领导和管理风格决定着上下级关系的本质,也决定着团队成员的成长和发展路径。

1.3.6 过度帮助可能使管理者负担过重

具有讽刺意味的是,尽管管理者的初衷是为团队提供帮助,但他们实际上却创造了一个对所有人无益的恶性循环。下属期待从管理者那里获得指导和所有答案,以至于管理者的工作量增加,压力加大,总是忙着救火,专注于自身任务的时间变得更少,时间被下属的需求所占据。然而,当管理者愿意尝试放手且不再过度进行微观管理时,就有机会以不同的方式参与工作并做出贡献,例如支持自己的上司或为整个团队确定优先级或制定战略方针。

一旦管理者鼓励下属独立思考、行动和学习,这种关系就更趋向于"成人对成人"的平等模式。随着时间的推移,下属将体会到提问的好处并期待接受来自这些问题的挑战,例如"我们真正需要解决什么问题?"或者"您有什么建议?"当他们期待管理者以教练方式响应自己时,说明他们已经准备好自己的观点、思考和建议了。最终,这将增强他们的参与感和责任感。

强指导型风格的自我测评

以下问题用于衡量您采用教练型和强指导型管理风格的频率。一旦对教练有了更深入的理解，尤其是读完本书后，可以回到这里重新回答这些问题，进行二次评估。

问 您经常给下属下达具体、直接的工作指令吗？如果有，频率如何？

问 人们向您解释他们当前的问题、挑战或困难时，您花了多少时间来倾听和提问？相比之下，您说话的时间又是多少？

问 您会主动向自己的上司或同事提供想法或建议吗？如果有，频率如何？

问 如果有人告诉您有问题，您是否会立即设法解决？

问 您是否觉得自己在以"父母对子女"的方式培养自己的团队？

根据您对上述问题的回答，参考图 1.2 中的影响方式量表，从依赖到创造可能性，用 1 分至 10 分来评估自己的影响方式。现在，找到自己认识并信任的人，让他们对自己常见的典型影响方式给出反馈。最后，或许可以与同一个人再次讨论，看看自己在哪些方面还有提升的空间。

重点回顾

教练方式的定义

教练方式是一种弱指导型影响方式，旨在鼓励教练对象进行独立思考和自主决策。有效的教练过程依赖于一系列关键的技能，包括倾听、提问、反思和反馈。一旦管理者能够高效地运用教练方式，就能够对教练对象的表现、敬业度和持续发展产生显著的积极影响。对管理者而言，这不仅能更少浪费时间来处理管理细节，还能让自己专注于战略性或创造性思考。随着时间的推移，他们处理工作的能力将得到显著的提升。对于希望在对话中增强个人影响力的人来说，教练能力是一项宝贵的技能。对所有管理者来说，教练能力是一项核心能力。

第 2 章

教练、敬业度和赋能

本章将深入探讨秉持教练原则与管理者影响和鼓励员工提高工作能力有何重要关联。敬业度（又称投入度、参与度和忠诚度）在不同规模的企业中至关重要，它影响着人们的日常行为。为了帮助管理者更好地理解，本章将明确定义敬业度并探讨管理者与敬业度之间的关联。通过提问和提示，本章旨在引导管理者思考如何启动对话，进入敬业度这个引人入胜的话题。最后，将讨论管理者在对话中可以采取哪些技巧来提升员工的敬业度。

如果您渴望更迅速直接地掌握教练技能，建议快速浏览完本章，直接阅读第 4 章。

2.1 敬业度在本书中的定义

敬业度描述了个人与工作任务或环境的关联度、价值感知和工作动力。在职场中，敬业度体现了员工在"必须完成工作"与"超预期完成工作"之间的差异。业界对敬业度的定义较多，以下是三个简洁的定义：

> 敬业的员工指的是全身心地投入到工作中、充满热情并对个人工作和公司有承诺的人。
>
> ——盖洛普咨询公司

> 敬业度反映了员工在心理上对组织的投入程度。
>
> ——怡安翰威特咨询公司

> 敬业度体现了员工愿意投入个人的精力、智力和努力以帮助雇主获得成功的程度。
>
> ——塔玛拉·埃里克森[1]，2005 年

2.2 敬业度之于组织的重要性

近年来，敬业度研究受到越来越多的关注，这不仅符合社会与各行各业的发展趋势，更是一种积极的现象。企业逐渐认识到，要想蓬勃发展，必须先让员工全面成长。

---

① 译注：伦敦商学院组织行为学首席学者、麦肯锡奖获得者、2011 年及 2013 年入选"全球 50 大思想领袖"，《哈佛商业评论》专栏作家。

企业逐渐认识到，要想蓬勃发展，必须先让员工全面成长。

相比敬业度低的公司，敬业度高的公司年度平均利润率是前者的三倍。

——韬睿惠悦咨询公司，2012 年

显然，这是一个极有价值的话题。作为管理者，提升员工的敬业度有望直接推动团队业绩的显著增长。敬业的员工与不敬业的员工在工作质量和客户服务方面有显著的差异，因为敬业度直接影响着员工的工作态度和行为表现。一些具体的例子如下：

- 在商店中，当顾客询问某件商品的位置时，店员是简单地指一下货架，还是主动带领顾客前往？

- 当您拨打客服中心的电话时，如果手机信号变弱或掉线，接线员是主动回拨，还是直接接听下一个客户来电？

- 如果员工发现客户遗落了物品，他们会如何处理？

这些现象与管理者有何关联呢？

为什么一定会是管理者呢？

管理风格以及对员工行为的干预与介入方式，直接影响着员工的思考、感知和行为方式，进而影响其敬业度。此外，如果期望员工拥有高敬业度，就需要鼓励和激发他们。他们如何回应您的要求？他们能不能说到做到？在遇到危机时，您能相信他们吗？

下面几个因素可以直接影响员工的敬业度：

- 您的态度，例如您是否尊重他人？您的价值观是如何体现的？

- 您为员工创造的愿景、目标和优先级清晰吗？

- 您鼓励员工向哪个方向发展，例如您认为重要的事情是什么？

- 对于员工学习和进步的挑战，您的支持程度如何？

- 员工是否相信您会为他们的最大利益采取行动，例如您愿意为他们出面？

必须承认，影响敬业度的一些因素超出了您的控制范围，例如商业环境或员工的基本健康状况。但作为管理者，您掌握着许多关键的因素，能够显著提升员工的敬业度。这是振奋人心的好事情，使您能够在个人和职业发展方面做出有价值的贡献。

> 全方位营造良好的工作氛围，这样的管理者会对员工的忠诚度和工作效能产生深远的影响。
>
> ——梅尔·斯塔克，合益管理咨询公司

2.3 教练与敬业度有何关联

从最基础的层面来说，如果一个人没有参与您的对话，就不可能敞开心扉接受您的教练。一旦您开始转变强指导型风格（即"您说给他们听"的模式），就更希望他们主动参与和投入到对话中。因为，您需要他们深入思考，提供想法，和您一起把事情想清楚。如果您对敬业度有一些基本的了解，这将有助于您更好地开展教练式对话。

然而，教练的真正机遇在于，它可以更广泛地提升敬业度，后者与员工的绩效紧密相关。

2.3.1 敬业度的驱动因素

众所周知，敬业度既有共性，也有个性。例如，我们都喜欢一定程度的挑战，也都享受学习和进步所带来的积极体验。然而，有些人因得到赞美或表扬而充满活力，而有些人更关注结果。这里所谈的敬业度既涉及头脑，又涉及心灵，尽管有时逻辑上我们知道应该做什么，但我们并不会立刻为此感到高兴。此时，教练对话有助于了解行为背后的动机。

> 敬业度既涉及头脑，也涉及心灵。

英国政府资助的一项研究列出了员工敬业度的主要驱动因素。

1. 显性的、赋能型领导力：具备清晰阐述公司战略的能力，例如，清楚讲述组织的起源和未来发展方向。

2. 敬业度高的管理者具有以下特征：

- 关注员工并为他们赋能；

- 将员工视为独立的个体；

- 注重培养和拓展员工的能力。

3. 员工在组织中有发言权，可以强化或挑战现有的观点，他们往往是"解决方案"的核心。

作为领导者或管理者，您对上述几个方面都有直接或间接的影响。当您在对话中采用教练风格时，可以在以下几个方面产生积极的影响。

- **使命对齐**：使员工与公司的使命和战略目标对齐，例如，可以这样问："这和我们的创新驱动力有什么关联？"

- **学习与成长**：促进员工的学习、成长和赋能，例如，帮助他们建立信心，使其能够独立思考和行动。

- **积极的挑战**：让员工感受到积极的挑战，例如，并不总是代劳，帮助他们解决问题，而是定期给予有建设性的反馈。

- **价值感知**：增强员工的价值感知，例如，倾听他们的心声，询问他们的想法，鼓励他们按照自己的想法行事。

- **价值观体验**：帮助员工体验组织的价值观，以"开放和尊重"这个组织价值观为例，可以如此提问："您对此有什么看法？"或者"您认为怎么做才能体现这个价值观？"

团队敬业度 70% 的差异，完全取决于管理者。员工敬业度应该是管理者的首要职责。管理者要成功履行这个职责，就需要具备与员工持续进行教练式对话的能力。

——盖洛普咨询公司

关于员工的敬业度，您做得如何？

以下问题用于评估您在留住、激发和鼓励员工方面的实际成效。

和团队有关

问 团队（每个人或整个团队）的敬业度如何？例如，如果您不在场或不检查，他们的工作效能会有什么变化？

问 团队成员对目标的共识度如何？例如，他们对重要的任务事项有共识吗？

问 您如何让团队清晰、有效地认识到需要完成的任务？

问 当您安排任务或项目时，团队是如何回应的？他们是支持您的提议并如期交付，还是选择逃避或交付"半成品"？

问 您如何关注和支持团队的整体幸福感？

和同事有关

问 您考虑过员工的个人情况吗？一般多久考虑一次？例如，他们看重什么？他们有哪些偏好？

问 在对话中，您会根据不同性格的员工调整自己的管理风格吗？比如，这个人关注细节，那个人积极乐观。

问 员工喜欢和您一起工作并认为和您一起工作很有价值吗？他们有多喜欢呢？

请保持积极的态度，寻找简单易行的持续改进方式，并确保这些方法切实可行。试图一夜之间成为完全精通敬业度的超级英雄，可能会适得其反，甚至让您觉得不堪重负。如果需要，可以向自己信任的人寻求意见或见解。

2.3.2 教练式对话有益于提升敬业度

教练式对话作为一种典型的对话风格，其核心在于强调和重视教练对象，而不仅限于需要他们完成的任务。这种对话方式能够自然地支持敬业度的关键驱动因素，具体如下表所示。

教练行为 / 原则	与敬业度的关系
积极倾听，先探询后理解	帮助人们感到自己受重视、有价值，促进开放和信任
积极询问，使用开放性问题来引发思考，可以这样提问："需要先做些什么？"	• 激励人们更清晰地思考和表达自己 • 展示他们的想法和观点是相关且有价值的
鼓励对方独立思考和行动，可以这样提问：什么是可能的？或者您能为此做些什么？	• 确认责任、所有权和授权 • 加快学习和发展 • 鼓励创建丰富的资源和提高适应能力 • 与下属建立"成人对成人"的成熟、对等关系
提供挑战、观察和建设性反馈	• 激励个人，促进高绩效文化，培养人才
假设对方可以做得更多，成就更大	• 创造"可能性"的过滤器 • 自然地强调为自己工作的人的价值并进一步增强其自尊心
提升您对培养他人的关注度，您需要创造一个辅助他人取得成功的工作氛围与环境	• 以现实可行的方式让对方建立对个人发展潜能的自我觉察 • 加快学习 • 提升人效，同时也更充分地释放其潜能
从相互依赖的范式出发，管理者通过助力他人来创造成果	• 鼓励个人做得更多，取得更大的成就，提升他们的成就感 • 加强社群或团队即容器的建设，聚焦于整个团队的能力，使其能够作为个人能力的延伸

2.4 敬业的管理者，敬业的员工

要让其他人积极参与话题或任务，管理者必须以身作则，主动积极地参与。因此，定期反思自己的敬业度至关重要。这不仅能增加您从工作中获得的乐趣和做出的贡献，还能帮助您了解如何激发同事的积极性。例如，您阅读这本书是出于兴趣，还是因为您觉得自己应该读？或许您的动机介于两者之间，既觉得应该读，也意识到这样做对自己有帮助。

在工作场景中，您参加活动时有时会提前到达，有时则会迟到甚至根本不参加。探究背后原因时，答案往往并非看起来那么简单。有时，您可能自愿参与某项任务，因为它对您很重要，且您有能力完成，但任务开始之后您却有些拖拖拉拉的。

为了帮助管理者理解哪些因素驱动或抑制了自己的敬业度，我们可以认为敬业度由以下三个部分组成。

- 理性部分：我们对做某事的理解程度、清晰度以及看法和意见。

- 感性部分：我们对做某事的感受，以及由此产生的基于思想和理解的情绪。

- 赋能 / 行动部分：我们正在采取的行动，以回应我们对某事的理解、观点和感受。

可以直接从这三个部分提问，对自己或他人进行教练活动。亲自体验，可参考以下自我觉察检查。

自我觉察检查

某种工作场景下的敬业度自我觉察

想象您希望取得更好进展的一个任务，或者您知道自己想逃避的一项工作。使用以下检查清单更全面地探索自己的敬业度。在反思这些问题时，简单记录自己的想法会对您有帮助。

理性部分：理解力

问 对于自己需要做什么，您有多清楚？

问 哪些是您不知道或不清楚的？

> 问 要想取得进展，最简单的步骤是什么？当务之急是什么？

感性部分：亲和力

> 问 您个人对这种情况或任务的联结感（亲和力）是什么？比如，您对它有何感受？

> 问 您为什么要做这件事？您可能从中受益吗？或者这件事对您有什么重要的意义？

> 问 当您想象这个任务或场景时，您有多兴奋？

赋能/行动：行动力

> 问 在这种情况下，您的行动力如何？您做了什么来取得进展？

> 问 对您来说，行动的潜在障碍是什么？有什么阻力？

> 问 对于优先事项和产生最大差异行动的关注程度，您有多清晰？

回顾自己的记录，识别任何需要增加敬业度的洞见或行动。如果有帮助，与自己信任并支持自己的人进行讨论，从中获得反馈。

2.5 以身作则，先培养个人敬业度，再来教练他人

一旦熟悉前面"自我觉察检查"中提到的三个结构和典型问题，您就可以利用这些工具来提升其他人的敬业度。例如，当团队成员或同事在某个任务上似乎没有进展或者分配任务时您不太清楚他们为何不能有效推进时，这些结构和问题就对您大有裨益。

> 领导力不是通过行使权力来定义的，而是由加深被领导者的权力感知来定义的。
>
> ——玛丽·帕克·芙丽特，《创造性的经验》，1924 年

2.6 交易型参与、敬业度、职业倦怠与教练

有时，人们看似全神贯注地工作，但这种状态很难持久，我们称之为"交易型参与"。例如，在竞争激烈的工作环境中，员工经常按

组织的要求加班加点，心里想着"必须表现得高度敬业"。部分员工为了彰显对公司的忠诚，不惜牺牲个人福利。当下，职业发展机会稀缺，裁员威胁如影随形，使得这种非正常现象愈发普遍。遗憾的是，若无法在高强度工作后恢复体力和精力，适应力与工作乐趣都将大打折扣。长期处于极端压力之下，生产力也会随之衰减。最终，一些人可能因职业倦怠而选择离职，以求重新取得工作与生活的平衡，因为现状难以为继。

有效的教练对话能够缓解交易型参与所带来的负面影响，原因如下：

- 通过倾听和提问，管理者能够改善人际关系，使人们更坦诚地分享内心真实的想法和感受；

- 管理者对员工的想法、态度和动机有了更全面、深入的了解；

- 当员工的实际行为与表面上不一致时，管理者能够更好地支持他们，帮助他们表达真实的感受，重新调整优先事项，并在工作中设定合理的界限。

要点速览

通过教练对话提升敬业度

为了提高人们的敬业度，请记住他们的需要。

- 他们很清楚需要做什么。

- 感觉这件事对自己有好处，他们感到自己做的事情有价值，并能从中看到积极的一面。

- 朝着某个方向采取切实可行的行动，并被上司赋予可行动的权力。

在教练对话中，尝试以下一种或多种方式。

- 多提问，让对方说话，比如"您认为实际工作中哪些是有效的？"

- 真诚地表达对他们本人及其观点有兴趣，包括使用恰当的身体姿态和眼神交流。

- 偶尔总结，表明自己一直在主动倾听和理解他们。

- 关注影响敬业度的组成部分和具体的障碍，参考前面的"自我觉察检查"，如此提问："您在某种情况下敬业度如何？"

- 愿意谈论他们感到不太开心的事情，允许他们表现得不那么积极，或者分享他们的担忧。

当我们决定通过教练方式来提高敬业度时，每个人、每个团队或每种情况都会给我们带来新的挑战。然而，一旦对敬业度有了更敏锐的意识，并认识到导致敬业度低的基本原因或障碍，相比无法取得进展的管理者，您可以取得更大、更多的进展，从而脱颖而出。

2.7 影响员工敬业度的因素因人而异

在探索员工的绩效和表现时，了解他们的真实想法和感受至关重要，尽管这可能让您感到有些不适。例如，您要求某人设计并制作一份关于商店交易数据的报告，尽管您已经多次催促，但几个星期过去了，对方仍然没有开始这项工作。

这时，强指导型管理方式（即"我指挥，您服从"）似乎是一个可行的选择。毕竟，如果将对话限定在事实和逻辑层面而直接下达指令："我需要您在周五之前完成这项工作。"这样，事情看起来是不是简单多了？答案是，在某些情况下，短期内确实可以这样，但并非总能这样。员工在工作中敬业度不高，很大程度上是因为组织上对"以人为本"的文化缺乏基本的关注。我们每个人都是理性和情感的综合体，都有自己的希望、欲望、情绪和需求，这些都需要与组织的商业目标结合考虑。在这种情况下，采用不那么强的指导方式如此提问："是什么阻止了您开始这项工作？"这样就能听到对方真实的想法。他们可能告诉您不喜欢做这份报告，或者说："我害怕浏览所有电子表格，一想到这里，我就感到压力山大。"

您可能很乐意帮助人们识别需要做些什么（理性部分）以及实现这个目标的步骤（赋能／行动部分），但您通常可能跳过了中间的参与部分，即他们的感受（感性部分）。这是可以理解的，然而，这会阻碍您发展借力他人来创造成果的能力。教练式管理风格有助于您在对话中更紧密地与他人协调，从而自然而然地做到赋能与共创。此外，本书的教练原则和结构为此提供了一种更可预测和更舒适的方式。有关结构化对话的示例，请参阅第III部分。

重点回顾

教练能力是激发人们挑战工作过程的关键

对于把工作做好，敬业度较高的员工自然更有活力和动力。他们喜欢自己的工作，享受工作带来的挑战和学习机会。诸多相关调查一致证明，这不仅对工作质量和客户满意度有积极的影响，而且还对绩效大有裨益。

能吸引我们的事物既有共性，也有差异性。我们都喜欢有价值的挑战和明确的目标感，但个人偏好各不相同。例如，您可能喜欢雄心勃勃的挑战，而我可能不喜欢。教练式管理风格有助于提高人们的敬业度，因为它支持诸多影响因素，包括理解力、亲和力和行动力。例如，通过倾听和提出强有力的问题，可以更深入地了解一个人的喜好及其反应模式。

第 3 章

教练型管理者的心智模式

在本章中，将探讨价值观和信念如何塑造并支持教练式管理风格和行为。我诚挚地邀请您并鼓励您反思：对您来说，成为一名管理者意味着什么？您目前的管理风格是怎样的？了解这些不仅有助于您个人的职业发展，更能指引您成为更出色的管理者。我们将共同审视传统强指导型管理风格和教练式管理风格背后的价值观，看看它们如何在实际工作中发挥作用。

首先探讨作为管理者的您如何为团队提供和增加价值。如果您坚信"我的团队成员看重的是我的经验以及我为他们提供专家建议的能力"，那么您就会始终聚焦于思考如何为他们提供更好的想法和解决方案。这种信念将激励您不断提升自己的专业能力，以便更好地服务于团队。同时，如果您认为作为管理者意味着帮助团队所有成员取得成功，那么您的行为也将反映您的价值取向。一旦决定以不同的原则来指导个人行为以发展新的技能，首先就需要知道这些选择背后的假设和典型倾向，以便在行动中加以留意。这种融入日常工作的自我觉察可以为您个人的改变和成长提供机会。

> 自我觉察可以为个人的改变和成长提供机会。

3.1 强指导型管理者的信念

作为团队中级别最高的人，您会感到一种微妙而无形的压力：团队成员总是期望您是"百晓生"，或者至少知道什么是"对"的。毕竟，组织任命您为管理者，就是要您承担起相应的职责，对吧？然而，即便您确实掌握所有答案，但有时鼓励团队成员自行寻找答案，甚至探索不同的答案，反而能为团队创造更大的价值。

让我们来审视一下强指导型管理者可能持有的基本假设，以及这些假设如何影响其行为。图 3.1 展示了强指导型管理者的价值观和信念，并预测了由此发展而来的技能和行为。

管理者风格倾向于强指导型

我的基本信念：	• 好的管理者保持控制/做"对"的事 • 我必须展现智慧和经验 • 我通过为他们解决问题来帮助他们
我培养的技能：	• 解决问题，决策能力 • 澄清情况，给出清晰的指令 • 创造结构，组织能力
我的典型技能：	• 我提问以求澄清 • 我倾听相关性/异常(对我的思考) • 我掌控着局势
我不做的：	• 显示困惑 • 接受太多观点 • 将控制权或影响力交给他人
我认为重要的：	• 为他人指引方向 • 保持进展感 • 做"对"的事

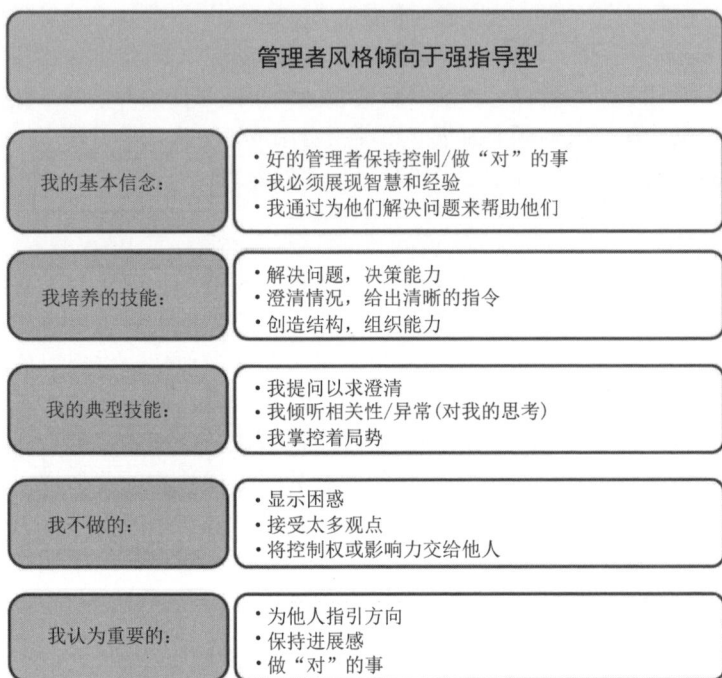

图 3.1 强指导型管理者的价值观、信念以及行为模式

这种强指导型思维模式并非全然不可取，也并非完全错误。在某些情境下，它确实能塑造一种积极的领导力。简单直接的指导和指令有时能够让人有信心，可以提供必要的确定性。在军队中，强指导型管理风格在许多情况下，包括战斗场景中，都是适用的。然而有趣的是，美国和英国的军队都对教练型和导师型领导风格表现出浓厚的兴趣，并加以积极实践。这是因为，随着时间的推移，单纯依赖强指导型管理风格逐渐暴露出团队成长和发展过程中的潜在问题，具体如下：

• 领导者/管理者将自己置于巨大的压力之下，要求自己知晓一切，并且始终做出"对"的决策；

• 团队成员假设领导者/管理者希望并且愿意"给出答案"，这不仅会占用管理者大量的时间，还可能导致管理者需要时刻准备着"救火"；

- 团队成员容易过分依赖领导者 / 管理者，以至于最后懒于思考、缺乏动力或缺乏信心，这会给管理者带来挫败感。许多带团队的管理者经常抱怨："我有时觉得自己更像是他们的保姆，而不是他们的领导。"

> **名词解释**
>
> **引导**
>
> 要想引导对话顺利进行，就需要采取有逻辑的方式。引导师更关注对话的过程，而非具体的内容，他们的角色是引导个人或团队按照既定的流程进行对话。在纯粹的引导角色中，引导师不会对讨论本身贡献内容，他们只是鼓励团队保持专注，聚焦于保持讨论的相关性，使其不至于跑题，决定何时结束对话，何时打开一个新的话题，做好时间管理，等等。作为引导师，最重要的是支持其他人有效思考，以此来促进对话有效进行。

3.2 教练型管理者的信念

采用教练型风格的管理者，通常有一套独特的信念或价值观来指导其行为。这些信念使他们能够缓解压力，用不着事必躬亲。教练型管理者重视员工独立思考和行动的能力，以及他们自身对"创造条件让团队取得成功"的个人需求。

在日常生活与工作场景中，信念会影响优先级排序。作为教练型管理者，您希望确保人们拥有足够的资源和支持去完成工作、提升和成长。可能是共同的愿景、敬业度或者创造更优结果所需要的新技能。所以，作为管理者，问题不应该是"我如何确保每个人都在做对的事？"而应该是"他们（团队成员）的成功需要哪些因素？"这两个问题看起来可能没有太大的差别，但随着时间的推移，会重塑团队管理方式。这有点像虽然只是把船的航向改变了几度，但很快您就会到达一个完全不同的、更好的地方。图 3.2 探讨了教练型管理者的价值观和信念，并预测了由此而来的技能和行为。

> 信念会影响日常的优先级排序。

管理者倾向于教练型风格	
我的基本信念：	• 我与团队的关系建立在平等的基础之上 • 我的下属有能力创造一个出色的解决方案 • 我的贡献包括培养和发展团队成员
我培养的技能：	• 专注聆听，提出开放性问题 • 支持性挑战，建设性反馈 • 移情，与不同性格类型的人建立关系
我的典型技能：	• 我寻求的首先是理解 • 我挑战权力、障碍或虚假限制 • 我鼓励员工独立思考和行动
我不做的：	• 迅速提供解决方案 • 急于展示我学识渊博和经验丰富 • 控制对话的方向
我认为重要的：	• 创造一个能教练他人的思维背景 • 员工的学习和成长 • 员工勇于真实做自己而触发的思考和行动

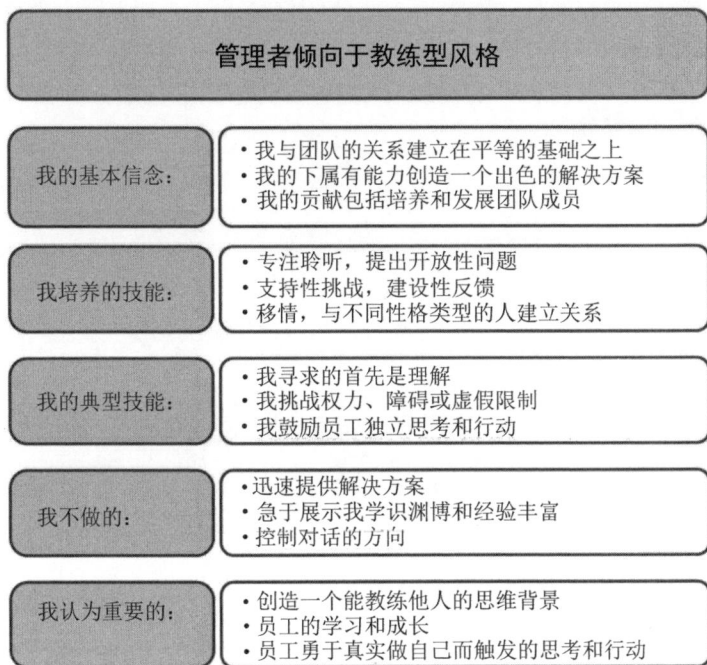

图 3.2 教练型管理者的价值观、信念以及行为模式

身为管理者，当您相信自己的主要价值在于培养身边的人时，自然会更多地运用教练能力。在与团队成员的一对一会谈中，您会更关注他们与工作场景之间的关系，而不仅限于情况本身。在团队会议中，您会更愿意引导讨论而非主导讨论，因为您愿意鼓励团队成员有建设性地参与其中。对教练型管理者来说，团队成员的参与和独立思考能力比展示其见多识广更为重要。显然，这是一个挑战，关系到作为管理者的您如何被感知以及如何体现您的价值。本书将在第 4 章中讨论自我意识这个棘手的话题。

3.3 培养个人独特的风格

提供这两个模型的目的并不是评判优劣，而是凸显心智模式或世界观对行为产生的影响。实际上，您完全可以将这两种方式有效地结合在一起，而第 8 章正好可以助您一臂之力。需要注意的是，教练能力的不足可能会成为您发展管理能力的瓶颈。如果不善于运用教练能力，或许会让您误以为教练能力毫无用处。然而，一旦同时掌握强指导型和弱指导型两种管理方式，您便能够适应各种情境和不同性格的人，持续取得稳定且出色的成绩。培养了真正的灵活性之后，您将实现选择自由。

> 如果无法有效运用教练能力，可能会让您觉得它没有什么用处。

悬停与反思

你的兴趣点在哪里？

以下问题用于评估个人的信念和心智模式：

问 对您来说，高效率的管理者应该具备哪些主要的技能？他们必须做好哪些工作？

问 您觉得团队中每个人都是平等的吗？或者您对他们而言像不像家长？有多像？

问 一旦周围的人犯错误，您通常怎么反应？

问 在什么情况下您会放心让团队从错误中学习？

问 反思强指导型和教练型两种模型，您认为哪些价值观和信念与自己的价值观和信念相关？

问 作为管理者，来自某个情境的压力如何影响您保持放松和灵活的能力？

问 为了提高个人管理风格的有效性，您可以多做或者少做哪三件事情？

如果愿意，可以向自己信任的人征求意见，从中获得更多的想法或见解。

教练型管理者的心智模式

当您在工作场景中培养教练能力并实施教练行为时，思考一下管理者的基本信念是非常有益的。因为您的日常行为和反应都源于自己所看重的事情。如果希望自己被看作专家或是"拯救者"，那么少说话、多提问这样的行为可能会让您觉得不自然。作为专家或"拯救者"，您更倾向于强指导型管理风格，总是给出想法、意见和解决方案。

一旦意识到驱动自己个人行为的信念或价值观，我们就可以做出相应的调整。这可能就像记住"相比我给他们提供所有答案，培养他们的思考能力更重要"一样简单。一旦您专注于教练型管理者的信念，就更有可能克制住好为人师的冲动，转而选择教练型管理风格。

第 4 章

自我意识如何限制个人教练能力的发展

接 下来，将聚焦在教练过程中可能遇到的障碍——自我意识或自我认知，亦即我们的自我（ego）。以对话场景为例，我们往往不自觉地追求一种掌控感，比如迅速帮助其他人解决问题或展示"我知道，我知道"，表明自己无所不知。我还会解释为什么这种掌控欲的冲动比我们已经掌握的管理风格更为强烈。同时，我会提出一些问题和想法来帮助您更加敏锐地察觉到自我意识，以及它在工作环境中可能产生哪些积极而重要的影响。

4.1 自我意识与教练有何关联

对管理者或领导来说，进行教练活动时的常见障碍是他们的自我意识常常驱使他们控制事件或管理人们对自己的看法。例如，在工作场所的对话中，他们通常有以下倾向：

- 知道自己在谈论什么；

- 避免说出任何愚蠢、不恰当或错得离谱的话；

- 提供的信息或观点要适当；

- 尽量停留在已知的范围内，例如能够理解当前说的话；

- 避免让自己或他人感到尴尬。

这也解释了管理者在初次学习教练时为什么经常发现弱指导型教练行为会让自己觉得不自然或尴尬，这可能是因为他们仍然秉持旧有的管理观念或仅仅是一种控制他人行为做事方式的内在需求。一旦注意到自己当前在职场中的自我形象如何影响自己在对话中的思想和行为时，您就可以更频繁地放松，不再听从于本能上的反应。

4.2 放下我执，共情与共鸣

在高效开展教练工作时，需要有意识地减少自我意识在对话过程中的影响，比如避免过度表达自己的观点或价值观。教练的核心价值在于引导对方独立思考和行动，而非直接告诉他们具体做什么和怎么做。因此，保持中立的态度是成为一名优秀教练的关键。

例如，在针对青少年抑郁症的教练活动中，直接表达自己作为成人的强烈的观点，真的能起到良好的效果吗？或许，换一个角度，站在青少年的立场去理解他们，以他们的成长需求为出发点，反而会取得更好的效果。虽然这是一个较为极端的例子，但也凸显了一个核心要点：学会设身处地地理解其他人，让自己置身于他人的处境中。如果过于执着于自己的观点，您会发现这种灵活性将是一个巨大的挑战，同时，您为其他人带来的价值也会大打折扣。

4.3 自我，您"认为"的自己

我们每个人都有自我，这是个人心智的一种功能。自我源于心智所构建的"我是谁"以及"我不是谁"的概念。它赋予个人一种身份感。如果我问您"您是谁？"或者要求您描述自己，您可能会告诉我您的名字，接着说"我是管理者、团队领导、教师、医生、父亲、母亲"等。在某些情境下，您或许还会提到自己的年龄、籍贯和宗教信仰等。这些描述和标签构成您的"个人故事"，由您的"自我"存储起来，试图解释您活在这个世界上的意义。而且，这个"个人故事"也塑造了您的自我形象，比如"我擅长运动""我富有创造力""我注重细节""我很杂乱无章"等。您可能还会接受其他属性，比如"我是一个工作很勤奋的人""我是一个好人""我是一个出色的管理者""我是一个新手管理者"等。心智随着时间的推移构建这些认知，直到您往往不加质疑地接受它们。然而，事实可能并非如此。例如，您可能并没有自己想象的那么"杂乱无章"，或者您其实并不是一个"新手管理者"。

4.4 我们的"自我"，不断比较、对照与评判

为了构建自我形象，我们常常会将自己与其他人以及周围的环境进行比较。这种行为很自然，也是我们理解和保护个人基本需求的一种方式。我们的"自我"心智通过不断地比较、对照和评判，逐渐形成我们与周围人和世界之间的相对感知。例如，当您在塑造自己作为管理者或办公室工作人员的自我形象时，自然也知道自己"不是什么"，比如"我不是医生"。在这个过程中，自我还维持了一种：分离感"，因为我们总是注意到与自己不同的事物。这种分离

感虽然在一定程度上是自然的，但可能削弱我们的教练能力。毕竟，建立融洽关系和影响力往往需要有"相似感"。我将在第 5 章中进一步探讨建立融洽的关系有多重要及其与相似感之间的关联。

在日常生活中，自我作为一种心智能力，其基本方式几乎类似于一个后台程序，潜移默化地影响着我们的想法、决策和感受。例如，如果您认为自己不是一个出色的管理者，可能就会采取某些行为来掩饰这种不自信或者因此感到不安。相反，如果您认为自己是一个出色的管理者，可能就会为此感到自豪。然而，这两种观点都只是基于您个人的观察、思考和比较而形成的主观感知。

> 不要相信您所认为的一切。
>
> ——拜伦·凯蒂 [①]

4.5 自我，瑕瑜互见

自我的不同方面在价值和作用上是有差异的。例如，您可能持有积极的自我认知，认为自己是一个"好人"，这种信念为您提供了一种评判自身行为的标准。您可能因为这种自我认知而避免做出不友善的行为，因为那不符合"您"的形象。然而，一旦这种自我认知进一步演变为自以为是（"我比您更懂"）或者将自己置于无可挑剔的位置（"别质疑我，我从不出错"），它就变得不那么有用了。

> 我们的"自我"既可以为我们提供有价值的信息，也可能误导我们。

随着心智试图解释我们所感受到的分离感，它往往会构建起一些我们早已习以为常因而很少质疑的感知和信念。归根结底，这些关于"自我"的概念，不过是我们在心智中自行创造出来的观念和想法罢了。

> 您的自我是大脑构建起来的虚假身份，而您却深陷其中。
>
> ——布兰登·贝斯

[①] 译注：Byron Katie，出生于 1943 年。"一念之转"（又称"功课"）理论的创始人，其理论影响了著名的身心灵导师埃克哈特·托利（《当下的力量》作者）和韦恩·戴尔（《正能量》作者）等人。代表作有《转念》。

4.6 如何衡量自我，是大小还是强度

在日常生活与工作场景中，自我这个词经常用来形容那些看似傲慢或过于自信的人。我们经常听到这样的抱怨："他/她超级自我！"然而，事实是，每个人都有"自我"，它既不是"大"也不是"小"，它只是我们的一部分。如果要评估"自我"，那么考虑其强度而非大小会更有意义：您的自我对您有多大影响呢？

自我以多种方式影响着我们，其中一些方式不同于我们通常用来定义自我的"傲慢"或"自负"。例如，一个形容自己"非常害羞"的人，在某些场合下可能难以开口或表达自己，这同样是一种对自我产生强烈影响的表现。他们可能会说"我的自我意识太强了"，或者更直白地说，太关注"自我"了。一旦害羞的人学会放松这种意识倾向，比如通过减少对自己的关注，而更多地关注其他人，通常就能够缓解甚至减轻羞耻感。同样的技巧也适用于那些不擅长公开演讲或群体交流的人。一旦我们专注于听众并与他们建立联系，自然就会减少对自我的关注，从而减少与其他人的距离感。我们似乎已经忘记了，真正的自我感知并不在于时刻感受自我的存在，而是在于如何更好地与外界互动。

💡 **悬停与反思**

您的自我意识有多强？

以下问题有助于您更深入地了解自我。尝试保持轻松，使整个过程更加有效。

问 对于地位或职位，您有多么在意？无论是您自己的还是其他人的？

问 您如何面对"自己错了"的情况？例如，您能承认自己的错误吗？您能主动道歉吗？

问 您有多么在乎别人对您的看法？他们的意见或认可是否会影响您的行为或决策？

问 批评对您有什么影响？

问 在大多数情况下，对于听命于人，您有多么抗拒？

问 您有多么想保持现状而避免改变？

问 您容易感到尴尬吗？您是否更倾向于自嘲？

再次提醒，邀请自己信任的人，要求对方从他的角度对自己的典型行为和倾向提供额外的看法。

4.7 质疑自我的假设

我们常常犯一个很自然的错误，那就是将自我视为真实的自己，而不是将其当作一种对自己的构想，或者一系列"应该如何表现"的行为清单。一旦学会放松对自我的控制，您就会感到自己与周围世界的联系更加紧密，与其他人的亲和力有所增强，因为我们的分离感减少了。这正是灵修人士数千年来一直致力于摆脱自我影响（或"固执"）的原因之一。他们可能采取极端的方式，例如放弃过去的生活，过上更简单的生活，甚至离群索居，或者放弃自己原来的名字，所有这些都是为了发现"真正的自我"。

当然，您不需要放弃自己的生活甚至个人的日常工作来放松自我。相反，可以选择一个更简单的目标，比如日常感悟或觉察。这个目标要求您提高对自我特征和驱动力的认知，以便每天创造更多的自我觉察和选择。

如果您对这个话题感兴趣并希望更深入地展开研究，推荐您看看埃克哈特·托利[2]的著作《当下的力量》。在他的书中，托利对自我提供了更清晰的认识，并鼓励我们将这种认识运用到日常生活中。

4.7.1 当想象中的边界成为阻碍成功的幻象

正如我们之前所探讨的，您对自我的认知往往包括自己的工作角色或头衔，例如"我是一名新手管理者"或"我是一名高级管理者"。然而，这些角色及其所暗示的边界大多是人为设定的，本质上是虚假的。在职场中，我们习惯于将这些角色视为真实的存在，这有一定的道理，因为明确的角色定义有助于对工作进行组织和协调，以实现预期的目标。例如，一个明确的"技术专家"角色可以帮助人们发挥自己的优势，同时也符合其他人对专家的期望。

---

② 译注：Eckhart Tolle，出生于德国，毕业于英国伦敦大学，剑桥大学研究员和导师，代表作有《当下的力量》和《守护者》。他提出进入当下状况的 4 个步骤：觉知周遭、感激并欣赏、回到当下、觉知真我。

然而，有时我们需要质疑这些假设（它们基于想象中的角色）。例如，如果组织将您的角色定义为新手管理者，那么会不会让您在面对一群高级管理者时感到不安？或者，您是否更习惯于与级别比自己低的员工交流？反之，如果您是一名高级管理者，在接到要求而需要与级别较低的团队成员开会时，您的行为会不会有变化？

4.7.2 自我的三种表现策略：膨胀、贬低和僵化

了解自我常见的表现形式，是认识自我的一种有效途径。自我一般表现为以下三种策略。

1. 膨胀：在这种策略中，我们会夸大自己的能力或成就，试图以某种方式表现得更强或更好。例如，我们可能会吹嘘自己的成功，表现得很高调。这种行为通常被视为"自我膨胀"。需要注意的是，尽管夸张的行为表现得过于浮夸时容易被察觉，但它可能也非常微妙。例如，隐晦地提及自己的消费水平——"是的，好吧，这个花费没问题，您应该看看我一个月外出就餐花了多少钱。"

2. 贬低：与膨胀相反。在这种策略中，我们会小看自己，变得害羞、退缩，甚至表现得"小心翼翼"。我们可能低估自己的需求或能力，说什么"我不重要"或"我不够好"。这种倾向可能会让我们在某些情况下觉得自己越来越"不重要"，甚至觉得自己与高管这样的职位不匹配，是一个冒名顶替者，会说什么"其他董事会成员都比我懂得多"。

3. 僵化：在这种策略下，我们会表现得不灵活、固执或顽固，拒绝改变或适应新情况。我们可能会拒绝他人的邀请、建议或想法，因为它们触发了我们对变化的本能的抵抗。这种抵抗可能是明显的，比如直接告诉对方"我不会帮您做这件事"，也可能是暗地里的，比如选择性地忽视对方的请求。

4.8 控制，保持舒适感和安全感的手段

在工作场所，我们往往有一种本能的冲动，试图通过控制来保持舒适感和安全感。这种控制体现在以下几个方面。

- 理性层面：确保我们对正在发生或即将发生的事情有清晰的了解。

- 情感层面：在某些情境下，我们可能会控制自己的情绪，例如感到沮丧的同时仍然保持微笑。

- 行动层面（指导）：我们利用自己的个性、意志或地位的力量来引导事件的走向，让事情按照我们期望的方向发展。

此外，自控的驱动因素还有以下几个方面。

- 确定感，例如，"我可以信任这种情况 / 这个人。"

- 熟悉感，例如，"这一切似乎都很熟悉。"

- 一致性与常规性，例如，"这里没有意外。"

相反，自我通常可以帮助我们避免以下潜在的威胁。

- 计划外 / 意外变更。

- 自我暴露，例如，失败、尴尬或犯错。

- 未知因素，例如，"我不认识这里的人。"或"我对这个主题不了解。"

在工作场景下，我们常常看到人们抵制变革，或者不适应新的制度或组织结构，尤其是不清楚或不了解变革的意义。在这种情况下，教练型对话可以发挥重要的作用。通过帮助人们表达自己的想法和感受，使其思路变得更加清晰，从而更容易放松并决定对自己和工作来说什么才是真正重要的。

控制的需求和表达因人而异

对我们中的一些人来说，对控制的需求是显而易见的，我们能够轻松地表达出来。然而对另一些人来说，这些需求则可能以微妙甚至不合逻辑的方式表现出来。例如，组织要求您的同事起草并分发一份关于组织环境政策的报告，并期待大家给出初步的反馈。这个话题恰好是您之前非常关心的。您认为，即使政策有细微的变动，组织也可能在环境影响方面产生巨大的变化，但您觉得自己的想法并没有得到足够的重视。当您看到别人对这个话题的看法时，可能会感到恼火和沮丧。在您看来，这份报告还不够深入，缺乏清晰度和影响力。在这种情况下，您的控制欲可能以多种方式表现出来。您可能试图直接影响报告的内容或信息，甚至去调整版式和标题等细节。然而，更常见的情况是，您可能因为没有直接参与其中而选择避免对这份报告发表评论，这种行为反而让您感到更恼火。这种烦恼可能引发抵触情绪（例如固执），导致您通过不参与的方式以及与报告作者失去联系，从而进一步孤立自己。在这种情况下，自我驱动因素实际上已经阻碍了您采取行动。

以下问题有助于您反思自己对控制的需求和表达方式。

☀ 悬停与反思

如何寻求控制？

控制欲可能不像前面例子中那么明显，但以下问题有助于您发现并提升您的自我意识。

- 问 对于自己的观点，您有多么坚持？例如，您对某些事情的看法有多么强烈？

- 问 您给别人提了多少建议？

- 问 当您不能随心所欲时，您会怎么做（或者感觉如何）？

- 问 在某些情况下，您觉得自己的控制力如何？会不会"我不允许自己这样做"或"我永远不会这样做"？

- 问 您如何应对突如其来的变化？例如，您的大型会议被取消了，您的出租车很晚才到，您的朋友让您失望了，或者您的房子又没有卖出去。

- 问 当您感到自己受控于他人或情境时，会如何应对？例如，如果您觉得有人在支配自己，您会有什么感受或行为？

- 问 如果给别人提的好建议遭到了对方的拒绝或忽视，您会有什么感觉？

也许可以邀请自己信任的人，要求对方从他的角度对您的典型行为和倾向提供更多看法。

4.9 自我，寻求他人的认可

寻求他人的认可是驱动自我行为的一个重要因素。例如，当我们判断某人自大时，如果仔细观察，可能会发现一个微妙的迹象：这个人希望别人认为他很好，比如给人留下了深刻的印象或赢得了别人的尊重。我们可以通过以下几种方式在自己或别的人身上识别这种倾向：

* 希望被他人以某种方式看待，比如希望被视为受欢迎、有吸引力、善良、成功或特别等；

* 渴望社会地位或尊重，例如，认为"如果我的级别更高，我就更受尊重"；

* 对负面评价的敏感性，如果我们想象别人对我们有不良评价，或者以某种方式表现出对我们的不认可，就会感到沮丧。

顺便说一句，这完全是人类的天性。希望别人觉得自己受欢迎或善良并不是什么坏事（当然，也不是绝对的好事）。关键在于有意识地做出选择。例如，您可能会想："我现在想做一个能让我在团队中受欢迎的决定，但从长远来看，这并不是一个正确的选择。"重要的是意识到这种倾向并在追求他人认可的同时，对自己行为进行反思和判断。

4.9.1 控制与认可，哪个更重要

在某些情况下，我们既渴望控制，又希望得到他人的认可。例如，在最近一次工作会议中，会议进展得并不顺利，这件事一直让您耿耿于怀。也许您觉得受挫而说了一些严厉或消极的话，甚至发了脾气，破坏了讨论的氛围。每次想起那次会议，您都感到烦恼，却不知道为什么——毕竟，您知道自己的观点是正确的。在这种情况下，挫败感往往源于失去了控制、失去了他人的认可或者两者兼而有之。

* 您觉得自己失去了他人对自己的 一些认可，例如，因为会议中的其他人可能认为您反应过度了，显得不够专业。

* 您真正想要的是控制自己的情绪。

总的来说，最让您感到困扰的可能是担心团队不再认可和尊重自己。

可以使用下面的练习来检验一下自己的想法。

实践出真知

控制与认可，您更看重什么？

通过以下步骤，结合一个实际情境来深入探索您的自我特征。

1. 找出或回忆一个让您感到沮丧、担忧或不适的情境。最好是让您感到非常生气或心烦意乱的！

2. 思考下面的问题：

    问 在这种情境下，您最渴望什么，认可还是控制？

如果您无法立刻做出决定，不妨停下来认真思考。我相信，您的沮丧或不适可能源于某种需求（他人的认可或对局面的控制）没有得到满足。慢下来，试着接受这个想法。在这种情境下，什么对您最重要？这与他人的认可或对局面的控制有怎样的关联？

为了从更有意义的角度看待这种情况，您可以进一步思考以下问题。

1. 在此情境下，如何放弃对认可或控制（或两者）的需求？

2. 如果放弃这种需求，会出现什么新的可能性？例如，是一个新的视角，还是在这个情境下做出不同的反应？

3. 您最终决定怎么做？

4.9.2 僵化，与对错无关

与之前讨论的类似，自我常常会陷入僵化的状态，例如执着于"应该如何"，对正确与错误有执念，或者回避变化。当自我对您产生了强烈的影响时，您可能会觉得自己不得不以这种僵化的方式行事，例如"我是管理者，我就应该指导团队的活动"。然而，如果想成为一名高效的教练，保持客观或中立的能力有助于您得到更好的结果。

想象一下，您在教练某人，而他们批评了您认识并信任的同事。例如，他们说米娅是个骗子，但您完全不这么认为。记住，作为教练，您通常是对话过程中保持中立的那个调解人。因此，如果您挺身而出为米娅辩护，就会改变对话的性质。

为了使教练原则发挥作用，我们需要专注于对方，了解他们的观点，给予反馈，并且只在有助于推动对话的情况下才提出疑问。换句话说，关键在于人，而非问题本身。因此，面对不同的意见，有以下几种处理方式。

- **直接反驳对方的观点**：直接反驳对方。这可能让对方觉得被否定，导致气氛一下子变得紧张起来，因为他们可能觉得需要为自己的观点进行辩解。而且，这样做很容易使对话偏离主题，比如前面那样讨论米娅的行为和您的感受。

- **假装同意对方的观点**：这种方法可能比直接反驳更糟，因为您为了迎合对方或者至少避免冲突而牺牲了自己的原则。您可能会说一些违心的话，比如"是的，我能理解，这确实很糟糕"，或者"是的，我能想象她会这样做"。但实际上，这些并不是您真实的想法（因为您没有亲眼所见，也无法想象米娅会这样做），这相当于撒谎，破坏了您的诚信。

- **保持中立态度，不直接回应对方的批评**：这通常是最明智的选择，因为这既可以保持和谐的对话氛围，又能维护您的影响力和诚信。一旦您放下为米娅辩护的冲动，您就能更客观地看待对方的观点。您可以尝试理解对方为什么这么说，而不只是关注他们说了什么。通过为对方提供一个中立的空间来表达自己的看法，您可以帮助他们保持放松，更客观地看待问题。通过进一步倾听和提问，您可能发现他们的观点其实并没有那么极端。

> 教练的核心是关注人，而非问题本身。

4.9.3 培养灵活性，适时提出挑战

作为教练型管理者，有时的确需要表达自己的想法和信念，甚至质疑其他人提出的观点。在第8章中，我将为您介绍垫脚石模型，帮助您在对话中实现这个目标，比如如何保持中立或进行适度的反驳（友善而坚定）。

我并不建议您在教练式对话过程中完全忽视自己的观点、判断和价值观，而是建议您必须始终坚守对话的核心目的—— 帮助对方独立思考，并与自己的观点保持一定的距离。请记住，教练式对话的真正目的是对某一情境进行有意义的探究，挖掘其中有用的"事实"或"已知信息"。这种探究需要清晰地聚焦于教练对象的需求。一旦在对话中减少自我意识所施加的影响，对话的焦点就会变得更加清晰，最终更有效地帮助对方。

> **要点速览**
>
> **学会让自己的头脑冷静下来**
>
> 第一次意识到自我对我们产生的影响时，颇具讽刺意味的是，我们的第一反应可能是对抗，因为我们认为自我对我们有负面的影响。然而，不幸的是，这种对抗反而带来了更多的压力或干扰，因为在与思想进行斗争的过程中，头脑会陷入持续的挣扎。例如，一旦注意到自我冲动（如自我膨胀、自我贬低或僵化），您可能就会开始内耗。您开始陷入困境："我怎么会有这样的想法？"并可能在这个过程中迷失方向。
>
> 在教练式对话中，要减少自我对我们施加的影响，最佳的方式如下。
>
> 1. 留意并承认（保持中立），例如："哦，我正在试图控制他们的想法。"
>
> 2. 花时间让自己的头脑冷静下来。深呼吸，安静地待上一会儿，让自己从这种冲动中抽离出来。
>
> 3. 等自己的头脑再次冷静下来，集中注意力。有意识地选择最佳回应方式，例如："我要问问他们是怎么想的。"
>
> 这就是正念或当下觉知练习如此有用的原因。一旦处于当下，我们的头脑就是静止的，自我也会变得平静。冥想也非常有帮助，因为通过定期冥想，我们更容易让头脑冷静下来，从而更好地管理自我对我们施加的影响。

自我最大的敌人莫过于当下。

——埃克哈特·托利，《当下的力量》作者

4.10 关系到个人和职业发展

一旦学会减少自我对个人行为和决策施加的影响，我们就会发展出更高水平的情商。另一种说法是，您已经放松了僵化思维模式和自我驱动下（如膨胀、贬低和僵化）的一些条件反射。这种能力使得任何管理者都能更有效地运用教练能力。

例如，在教练活动过程中，对方开始批评您（作为他们的管理者）做的决定，此时您不必被迫为这个决定辩护或证明其合理性，或者试图控制对话的走向。相反，您可以保持中立的态度，保持兴趣并了解同事是怎么想的。

这个决定是否明智固然重要，但更重要的是您的同事对此感到不舒服。您需要理解他们的感受，并帮助他们处理这种情绪。这甚至可能需要您重新审视自己的观点。

4.11 放下自我有哪些好处

作为教练型管理者，学会在对话中或者在日常生活中放下自我对自己施加的影响，将收获以下几个方面的好处。

- 压力减轻：不再试图控制局面，也不再抵抗"受控制"的感觉。

- 感觉灵活性增加，有了随善而行的心态：不再那么执拗于事物现状或"应该如何"。

- 感觉可能性增多：努力维持掌控感相当地耗费精力，还会为发生的事情（或您允许发生的事情）设置虚假的限制。一旦变得更加"真实"（而不是努力维持自己的人设），您就会变得更加开放，更加信任其他人，也能与其他人建立更紧密的联系。

- 感觉更加自由与放松：不再总是需要以可预测的方式做出回应。

当然，这些好处同样适用于您的教练对象，尽管这些变化并不是您直接实现的。然而，这种谈话风格的自然结果是，您可能注意到上述情况在他们身上自然而然地发生了。例如，当人们觉得有人在倾听和尊重自己时，往往会放松自我，从僵化的状态中抽离出来，减少对改变的抵抗。

4.12 如何判断自我意识的强弱

当然，您可能在情感上非常成熟，因而相比大多数人，您更不容易受到自我意识的影响。以下几种情况有助于判断自我意识的强弱程度：

- 您能很好地接受直言不讳的批评，例如，在某种情况下意识证明了您是错的，但您仍然能保持冷静；

- 您不那么容易感到尴尬，或者可以轻松地自嘲；

- 您能很好地应对意想不到的变化，例如，在危机中依然保持镇定，足智多谋；

- 即使不如意，也能接受现实；

- 您对地位或职位看得不太重；

- 您能接受与自己观点完全不同的人。

在某些情况下，您基本上不觉得需要给人留下深刻的印象、去控制或取悦别人，因为您不会纠结于别人对自己的看法。如果您的自我意识较弱，那么这些积极的倾向或多或少会在您的身上体现出来，具体取决于不同的情境和所涉及的不同个性的人。也许您可以时不时地回顾一下，看看自己的反应是如何变化的。

重点回顾

自我意识是如何限制个人教练能力发展的？

自我意识，即身份认同，是个人心智的一种功能，它可能直接削弱我们的教练能力。因为自我意识往往由一系列信念、我们的个人故事、行为驱动因素和条件反射构成。这些因素和可预测的反应模式，可能与教练的核心原则相冲突，例如平等、开放以及需要与其他人共情并与他们建立联系。

作为能够进行教练对话的管理者，通过认识并减少自我意识对我们行为和决策的影响，例如自我膨胀、自我贬低、抵抗改变等，能够更好地发展出不受自我驱动或规则束缚的教练能力。这使我们能够更加灵活地对待教练对象，更加关注他们的观点和感受。

第 II 部分

能力（行）

本书第Ⅱ部分聚焦于管理者所需要的核心教练技能，并探讨如何进一步提升这些技能。这些技能在职场教练活动中最为关键，能够为您提供很大的帮助。管理者需要具备的核心教练技能如下图所示。

建立融洽的关系还是建立联系

提供有建设性的反馈　　　　　　　　　有效倾听

柔性影响力　　　　　　　有效提问

当然，还有其他一些重要的技能，例如正念和非语言沟通的观察能力。但最好先从基础入手，打下坚实的基础后再进一步提升。请记住，在这5大技能中，您可能已经具备了一些技能。例如，您可能已经很善于倾听，或者能够轻松营造一个温暖和信任的场域。我的目标是帮助您在这几个方面取得更大的进步，比如，帮助您理解为什么您的倾听有时达不到最理想的效果。

第 5 章

建立融洽的关系还是建立联系

本章将深入解释什么叫融洽的关系[①]及其在教练活动中的重要性。我们将分析这种关系的形成机制和关键特征，从而理解哪些因素可能对融洽的关系有影响。此外，我还将鼓励您反思自己之前是如何建立融洽的关系的，并思考如何进一步提升这一项重要的技能。

建立融洽的关系还是建立联系

提供有建设性的反馈　　　　　　　　有效倾听

柔性影响力　　　　　　　有效提问

5.1 什么是融洽的关系

融洽的关系是指让人产生温暖和亲近感的人际关系。它可能在一次短暂的交流中瞬间出现，也可能在长期相处中逐渐积累而成。融洽的关系不仅反映您与其他人之间关系的质量，还体现在当下的互动（例如"我觉得与这个人相处很融洽"）或者长期关系（例如"我总是喜欢和他/她聊天"）。

一旦与其他人建立了融洽的关系，就会让人感到温暖、舒适和默契。这种关系会影响您的感受和行为，让您能够自在地做真实的自己，表现得更加自然。对方也会有类似的感受，因为他们也体验到了这种舒适感。两个关系融洽的人更容易相互信任，也更愿意彼此敞开心扉。

> 两个关系融洽的人更容易相互信任。

[①] 译注：原文为 rapport，相比 relationship，它更侧重于双方彼此信任和尊重的关系，可量化。relationship 则指双方的联系或交往。

相反，如果关系不融洽，可能会让人觉得"冷淡"或与对方有隔阂。这种隔阂可能导致孤立感或疏远感。这种状态可能会成为问题，也可能不会，具体取决于您在这种情境中的目标。例如，如果希望陌生人停止继续与您交谈，这种疏远感或许就有帮助。

融洽的关系可以量化吗？

对此，人们常常有一种误解，认为与某人的关系要么融洽，要么不融洽。然而，实际情况并非如此。只要我们以任何方式与其他人建立联系，无论是对话、电子邮件还是电话，我们都是在与他们建立某种连接。这种连接构成了人际关系，而融洽的关系只是其中一个重要的方面。无论这种人际关系是温暖的还是冷淡的，体现的都只是融洽的关系质量如何。可以将融洽的关系想象成一个连续的量表，其位置会根据具体情况上下移动。图 5.1 描述了这种融洽的关系（融洽关系量表）。

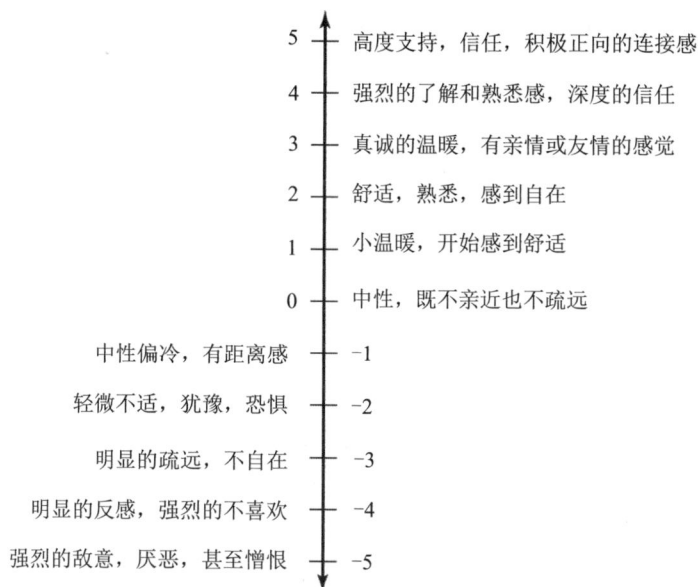

```
5  ── 高度支持，信任，积极正向的连接感
4  ── 强烈的了解和熟悉感，深度的信任
3  ── 真诚的温暖，有亲情或友情的感觉
2  ── 舒适，熟悉，感到自在
1  ── 小温暖，开始感到舒适
0  ── 中性，既不亲近也不疏远
                中性偏冷，有距离感 ── -1
                轻微不适，犹豫，恐惧 ── -2
                明显的疏远，不自在 ── -3
                明显的反感，强烈的不喜欢 ── -4
                强烈的敌意，厌恶，甚至憎恨 ── -5
```

图 5.1 融洽关系量表

选择并对一个有多人参与的场景进行观察，例如一个会议、社交活动或团队讨论。观察并倾听一段时间后，认真思考以下问题：

问 如何判断人们的关系是否融洽？注意观察他们的身体语言、声音和精力是否协调，例如，他们的动作是否同步；

问 哪些迹象表明人与人之间是相互冷淡或疏远的？找出具体细节。

问 在对话或会议中，良好的融洽关系可以带来哪些影响？

问 疏远或缺乏融洽的关系是如何影响对话质量的？

问 在您的工作关系中，融洽关系的质量如何影响协作和最后的成果？

通过观察融洽关系的迹象及其对互动和成果的影响，您将更深入地理解这个主题。

5.2 融洽的关系在教练过程中为何至关重要

一旦与某人建立了良好的融洽关系，就会营造出一种开放且充满信任的场域。这种舒适感能够帮助人们自然地表达自我，这对教练工作来说至关重要。积极的融洽关系能够帮助您实现以下目标：

- 产生建设性的影响，引导而不是命令或"指挥"；

- 鼓励独立思考，让对方习惯性地悬停与反思；

- 以增强信心的方式提供反馈，在鼓励他人或给予反馈时，采用一种积极而非令人不适的方式；

- 成为支持性的伙伴，努力让自己成为同事眼中的支持者，而不是一个喜欢批判或对他们构成威胁的人；

- 赢得信任，让人们更愿意与您坦诚交流。

冷与暖，融洽关系程度有多大的区别？

结合自身实践并通过提出以下问题来探讨融洽关系的相关原则。

1. 回想在工作中与自己关系融洽的人，然后反思下面几个问题。

    问 和他／她在一起的时候，您的感觉如何？

    问 良好融洽的关系如何影响您和他／她在一起时的行为表现？

    问 这个人与您有哪些相同或相似之处？

2. 现在，再回想在工作中某个与自己关系不太融洽的人。试着选择一个您希望与之改善融洽关系的人（不只是您不喜欢的人）。现在反思下面几个问题。

    问 和这个人在一起的时候，您的感觉如何？例如，与他／她交谈的时候。

    问 您与他／她不太融洽的关系如何影响您的行为？例如，您是否表现得不够自然？

    问 这个人看起来与您有哪些区别或不同？

3. 最后，针对那个与您关系不太融洽的人思考下面几个问题。

    问 与这个人改善融洽关系会带来什么好处？例如，事情会有什么不同？

    问 与这个人相处的时候，您对差异的想法和感受如何影响着您的表现？

    问 您会采取哪些方式去感受与他／她的相同或相似之处？例如，问问自己"在这里我们有什么共同点？"

5.3 哪些因素影响着融洽的关系

融洽的关系往往来自相似性。简单来说，当我们觉得自己与其他人有相似之处时，会感觉自己与他们的连接更紧密；而当我们与其他人有显著的差异时，这种连接感则会减弱。下面这些关键因素会影响融洽的关系：

- 外在形象，包括外貌、衣着和种族背景等；

- 说话方式，包括声音的特质、语气、音量和语速；

- 语言风格，包括使用的词汇、行话和关键短语；

- 肢体语言，包括手势的使用频率和方式；

- 价值观和信念，共同的兴趣、信仰或生活方式，比如，都是素食主义者或者支持同一个足球队。

这些因素不仅适用于商业组织的董事会，同样也适用于街头的帮派文化。本质上，当您的外貌、声音和举止与我相似时，我会觉得和您在一起更加舒适。例如，尝试穿着园艺服装去上班，看看人们对您的反应（当然，除非您在园艺中心工作）。同样，如果某个人的口音和举止与您格格不入，您可能需要更长的时间与他／她建立融洽的关系。在职场或日常生活中，我们都有自己独特的流行语、共同的语言或缩写，这些也在无形中影响着我们与其他人的互动。

5.4 如何建立融洽的关系

当您与某人建立了积极的融洽关系时，您的感觉是很明显的。例如，您会感到整体上非常舒适，同时也会注意到对方和自己一样自在。如果融洽的关系没有问题，我建议您减少对它的关注，甚至可以暂时忽略它。真正有价值的是理解哪些因素会影响融洽的关系，尤其是您注意到自己与对方不那么融洽时。某些时候，当您感到不舒服并意识到关系不那么融洽时，就需要关注并着手解决问题了。

对于职场中的大部分人际关系，都需要处于融洽关系量表中积极的范围（图 5.1）。下面这些迹象可能表明融洽关系跌入了消极的范围：

- 感到被排斥、被孤立或被区别对待；

- 在对话中，感觉不太自在，也就是说自己表现得不太自然；

- 似乎不太能够以一种容易理解的方式表达自己或自己的想法；

- 对方似乎对您缺乏热情或不够开放；

- 相互理解的质量低于必要的水平。

如果想建立更好的融洽关系，以下练习对您有帮助。

实践出真知
建立更好的融洽关系

在对话中，一旦意识到没有良好的融洽关系，就可以尝试以下三个步骤。

1. 放松！深呼吸，回到平静放松的状态。这会让您更加敏锐地捕捉到那些微妙的信号。当您感到紧张或沮丧时，是很难注意到这些信号的。

2. 找到缺乏融洽关系的原因，找到主要的差异点。比如语气、肢体语言或声音质量，哪些地方不匹配？

3. 有意愿和对方建立更紧密的联系。例如，专注于一个积极的念头："我想在这里建立联系，我们有什么相似之处？"

如果能够保持放松，找到关系不融洽的原因，并且有意愿与对方建立联系，您可能会发现一些有用的东西。您可能意识到自己一直在主导谈话，或者对方说话时的语气比您更高或更低。这种差异可能源于各自有不同的看法而导致缺乏相互理解。可以选择将对话拉回到起点，说："好的，让我们确认一下我们都说了些什么。您能再解释一下您的观点吗？"当对方感到您真正在倾听他们时，他们也更有可能倾听您发表自己的观点。一旦达成相互理解，就可以在此基础上继续努力。

通过减少对差异的关注，更多关注您们的相同或相似之处，会更容易建立融洽的关系。这些相同之处可能包括手势、价值观或者对重要性的感觉。然而，您的意图往往会产生最大的影响。因此，要有意愿建立融洽的关系，长期保持这种心态，直到自然发展出融洽的关系。

5.4.1 共情产生联系，联系产生连接

共情是一种能力，它使我们能够站在其他人的角度理解其感受和经历，从而建立起融洽的关系。共情的核心在于关注其他人的经历，并且有时需要关注他们的感受。这时可以简单说一句："我猜这一定让您感到很沮丧。"一旦注意到并承认某人的感受，我们就会与他们建立起一种相似性。

例如，您抱怨说目前的工作量太大，以至于自己不得不长时间工作。如果我听到您这么说，却没有以某种方式对您表示认同，您可能觉得我不理解您或者不在乎您。但如果我说："好吧，工作时间这么长，那可不太好，是吧？让我们看看是怎么回事。"这样，您可能会觉得有人理解和关心自己。相比之下，如果我只说："让我们看看是怎么回事"，可能显得我对您的感受有些漠不关心。

5.4.2 无意识偏见与融洽的关系如何关联

无意识偏见是指我们所学到的态度、信仰或刻板印象，这些观念在不知不觉中影响着我们日常的思考和行为。我们的成长背景、教育背景、出生地、信仰和宗教等因素，都可能在无意识偏见方面给我们带来挑战。下面这些例子很常见：

1. 性别偏见，例如，认为男孩更擅长数字，而女孩在语言能力上更出色；

2. 从众偏见，例如，认为有名校教育背景的成年人比早早辍学就开始工作的人更聪明；

3. 年龄偏见，例如，如果新招一个低级的行政职位，有人给您介绍一位看起来接近退休年龄的人，您可能会假设这个候选人没有野心或者不愿意学习新事物；

4. 权威偏见，例如，如果是组织中级别高的人员说了什么，那么很可能被认为是真的，或者是一个好主意；

5. 名字偏见，我们更喜欢那些名字在文化习惯上与我们更相似的人，或者让我们感到更舒适的人，例如盎格鲁撒克逊人、亚洲人等。

高度的融洽、开放和信任关系往往依赖于相似性，而无意识偏见在其中扮演着一个重要的角色。例如，如果您被介绍给一个来自某个特定地区的人，而您对该地区的文化持有负面的刻板印象，那么您可能会带着一种消极的差异感开始与对方交流。

相反，试想一下，当您遇到一个人，这个人让您想起自己很喜欢的朋友或家人。在这种情况下，您的偏见可能会让您变得过于开放、过于熟悉或者过于信任。如果意识不到自己的无意识偏见，或者不知道它如何影响自己与其他人的融洽关系，您就无法质疑自己的想法和行为。

5.4.3 从无意识走向有意识，实现选择自由

一旦能够更加清晰地意识到自己所持有的刻板印象、假设以及未经证实的信念，我们就有了挑战它们的可能。

- 在我们自己身上，尝试以不同的方式思考、改变我们的视角或者简单地承认自己的偏见。例如，"在这方面，我可能并不是最适合发表评论的人，我确实没有相关的经验和想法。"

- 在他人身上，鼓励他们改变视角，例如，"我们的思路是不是有些过时？"或者"从更中立的角度考虑这个问题可能更有帮助。"

虽然专题阅读和学习确实有帮助，但提升教练技能同样至关重要。要掌握有效的教练技能，我们必须踏上个人和职业发展的旅程。我们面临的挑战是，少关注自己的想法和感受，多关注其他人的意见。一旦开始学习有效的提问技巧（通过更好的倾听、提问和理解意图），我们也会放下自己的先入之见和本能反应。在教练这个领域工作近 30 年后，我对此深信不疑，我相信您也不例外。

假设您即将进行一场重要的对话，希望借此机会轻松建立一个融洽的关系。以下是一些实用的建议：

- 保持冷静，例如，通过深呼吸，采用腹式呼吸，通常非常有效；

- 专注于当下，关注当下正在发生的事情，不受过去或未来的思绪所干扰；

- 关注对方的风格，将注意力转向您希望与之建立融洽关系的人，观察其关键特征。例如，他们展现出多少活力？说话的速度或音量如何？他们的身体姿势是开放的还是封闭的？

- 利用积极的意图，例如，思考"我怎样才能与您保持联系？"让这种想法帮助您"调频"，与对方同频共振；

- 相信自己的感知能力，相信自己能够注意到需要关注的事物，并在必要时做出调整，例如，压低声音、多微笑或者放慢语速。

首先，在与自己关系不大的人身上尝试这些方法，比如在商店与服务员交流，或者与人闲聊。注意哪些方法对自己影响最大，例如"调频"或匹配语气的想法。

5.4.4 融洽的关系在远程工作场景下的挑战

随着 Zoom 和 Teams 等网络视频会议工具的普及，如何与其他人建立和保持融洽的关系成为一个巨大的挑战。当我们不在同一个线下空间时，感知他人的能力会受到限制。视觉上，我们的注意力被二维图像、屏幕以及自己的物理环境分散。这种自然产生的分离感让我们失去了许多非语言暗示以及身体对他人交流方式的感知。我们的注意力往往更多转向自身、自己的想法以及周围发生的事情，减少了对屏幕上的人的关注。这不仅削弱了我们的共情能力，也降低了我们与其他人建立联系的能力，我们可能忽略了签到或重新吸引他们参与对话的需求。

在这种情况下，我们需要强调甚至夸张地向其他人展示自己的热情和对其他人的欣赏。以下建议有助于在网络视频会议中建立融洽的关系。

- 会前：预留时间进行社交互动。例如，问候对方"过得怎么样？"或"家人怎么样？"不要急于进入正题，而是通过后续问题展示自己真正的兴趣。例如："所以，家里有个十几岁的孩子听起来确实有些挑战，你们会不会为了争夺 Wi-Fi 的流量吵架？"

- 会中：更频繁地进行口头交流，例如询问："这个看起来怎样？"或"这有用吗？"

- 会后：避免简单草率地说"好的，谢谢，再见……"，而是以一种更适当的方式向对方致谢。例如，"好的，太好了，感谢您的参与，对我来说这是一次很棒的谈话。祝您女儿回家度假愉快，如果您需要更多时间走完预算流程，请随时告诉我。"

重点回顾

建立融洽的关系还是建立联系

如果想在对话中鼓励其他人对自己保持开放并信任自己，就必须能够建立健康、融洽的关系。融洽的关系是基于相似性建立的，而不良的融洽关系通常表现出疏离感或差异感。通过提升自己的能力以便按照别人的方式与之建立联系，您将更有能力与其他人建立融洽的关系以及影响到其他人。

第6章

有效倾听

本章将探讨如何才能做到有效倾听，以及有时阻碍我们深度倾听的因素。我将深入分析特征，阐释深度聆听的真正含义，并探索提升倾听能力的实用练习方法。

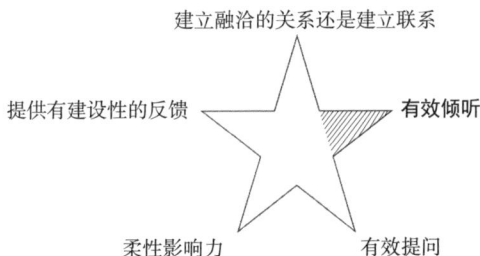

在教练对话中，倾听的意义远远超过了简单的信息获取。如果倾听不足，对对方以及对话的理解就会大打折扣，反应得当的能力也会随之减弱。当然，当倾听质量较高时，我们能够帮助对方更好地表达和阐述其想法。这种深度倾听让对方觉得有人真正理解自己而放松下来，畅所欲言。如果您曾经尝试解释某事却遭到一定程度的忽视，一定能够理解这种感受。相比之下，优秀的倾听者更关注他人，而不是自己。这种关注能够自然建立一个融洽的关系，营造一个有温度的场域。

> 优秀的倾听者更关注他人，因而能够更自然地建立一个融洽的关系，营造一个有温度的场域。

6.1 倾听始于意愿和专注

倾听的质量与个人的意愿密切相关。因此，有效倾听需要您刻意练习。这种意愿是倾听的起点。同时，需要思路清晰，摒弃杂念，以便更容易从单纯的倾听意愿过渡到真正的倾听状态。当我们半心半意听某人说话（但实际上并没有全神贯注）时，我们的注意力只是部分集中在对方身上，而另一部分则分散在自己的思绪上。我称之为"表面聆听"[①]，因为它只是表面上看起来在听。这种倾听方式在某些情况下或许可以接受，比如倾听小孩子无休止的唠叨。然而，在教练式对话中，这种方式是无效的。如果您想成为一名优秀的倾听者，就必须克服注意力不集中、意识分散以及对对方不够重视的障碍。培养强烈的意愿、专注力和注意力，将帮助您实现这一目标。

---

① 译注：聆听的层次可分为三级：表面聆听、深度聆听和系统聆听。

深度聆听需要刻意练习。

6.2 全神贯注，提升专注力

要成为一名深度聆听者，核心原则是全身心地与对方同在。这要求您能够明确将注意力聚焦于对方。阻碍您专注的因素既有内在的，也有外在的。内在干扰包括您的思绪、判断或"脑海里的喋喋不休"。外在干扰可能来自手机、电脑提示音甚至周围的环境（如环境噪声）——任何可能让人分心的事。

在教练活动中，要多留心和关注周围的人。想象一下，注意力就像手电筒的光束，可以通过调整镜头来控制。如果扩大光束的照射范围，光线的亮度就会变淡；而当您缩小光束的照射范围时，光线就会变得更亮。倾听也如此。现在，试着评估一下，您对本书有多专注？又有什么东西可能让您分心？注意此刻您的专注度如何影响您的个人体验。

在教练过程中，需要长时间保持这种适当的注意力。根据教练的类型，有些对话的时间可能很长，甚至超过 30 分钟，然而大多数人很难在如此长的时间内保持有效的倾听。

因此，积极提升注意力并保持这样的心态就至关重要。倾听是一种可以通过定期练习来自然培养的能力，就像肌肉一样。只需要从当下开始，不断地练习。例如，考虑以下问题：

- 在工作场景的对话中，您的注意力是分散的还是集中的？

- 哪些因素会干扰您的专注力？

- 在工作场景的对话中，为了更好地关注其他人，您需要放弃或停止做什么？

提升专注力的有效方法之一是练习当下意识——这意味着必须放空思绪，专注于当下正在发生的事情。以下练习将帮助您做到这一点。

实践出真知
练习当下意识

这个练习能帮助您聚焦于当下，更好地关注自己和其他人。如果发现自己容易分心，这也是一个让您重新回归现实的妙招。当您的思维从烦恼中自然地平静下来时，不仅能提升您的专注力，还能减轻压力。这个练习可以任何时间在任何地点使用，可帮助您持续关注当下。

- 注意周围的环境，开始更仔细地留意周围的一切，将注意力转向它们。首先，倾听。您能听到什么声音？您能看到什么？接下来，重新审视眼前所见，关注细节，记录所在的位置以及正在发生（或没有发生）的事情。

- 注意自己的身体。现在，留意身体的位置和姿势。检查身体的感觉，可以稍微移动一下，让自己更强烈地感受到自己的身体。然后检查呼吸。当您呼吸时，感受腹部的起伏变化，以及可能带来的舒适感、紧张感或其他感觉。

- 让思绪平息下来。留意自己的思绪以及思维活动，例如有多少思维活动？这个练习不需要过多思考，只需要重新将注意力集中在自己的身体上以及当下所处的环境中。通过聚焦于当下实际发生的事情来清空思绪。为了与身体重新建立联系，试着检查一下呼吸，或者移动手指头或脚趾头。当思绪飘进来时，只需要留意，并重新将注意力集中于当下。

6.3 过滤式倾听，无意识偏见

在倾听时，目的以及为倾听所做的努力同样重要，它们影响着我们倾听的方式。例如，如果我在倾听时把您当作一个知之甚少的人，那么我的假设可能会让我过滤掉您所说的话，只寻找相关内容来能证明我既有的观点。然而，如果我在倾听时把您当作一位知识渊博的人，我的倾听方式会截然不同。想象一下，您和国家元首这样的人坐在一起并询问他对环境问题的看法；再想象一下向自己的邻居提出同样的问题，试问您的倾听方式会有什么不同？

您对这两个人的看法可能会（也可能不会）影响您是如何倾听他们的。例如，邻居说出的智慧之言可能不会对您产生深刻的影响，而政治家说出同样的观点则可能效果不同。这就是诸如魅力或声誉良好这样的主观品质如此受重视的原因。这些品质为听众创造了一个积极的过滤器，能够显著影响一个人的说服力或影响力。

> 改变您看待事物的方式，您看待的事物也会随之而变。
>
> —— 韦恩·戴尔博士

6.4 深度聆听，减少个人的无意识偏见

我鼓励您培养深度聆听[①]的能力。这意味着当您在倾听时，对对方及其正在说的内容没有任何预设。当您在倾听时，体验他们当下的真实感受，并集中注意力聆听他们此刻在说的话。这是一种与他们同在的切身体验，让您的思维摆脱基于过往经验的评判性思维，仿佛自己是在重新倾听他们。我们与他们同在，而不是囿于自己的思绪中。当您用这种方式倾听时，您的思维大多是平静和安定的，因为您的焦点在对方所说的话上。

深度聆听是一种挑战，它要求我们清空对一个人的成见，这些既有观念是基于我们对他们的经验形成的。即使刚刚认识某个人，我们也会迅速对他们是谁及其性格如何形成自己的观点或判断。正如在第 4 章中讨论的自我意识以及自我意识如何影响教练能力一样，高

---

① 译注：原文为 Listening from nothing，意为以更开放的心态，不带任何偏见或框架的方式全然倾听。

质量的倾听要求我们降低自己在对话中的重要性，转而关注教练对象。以下方法有助于我们在对话中保持对其他人的关注，而不只是关注自己的想法。

实践出真知

减少无意识偏见

如果想在对话中培养并展现出更好的倾听能力，可以按照以下步骤进行准备。

第 1 步：对话前

- 保持平静和放松。开始平稳的呼吸，挺直、舒展的姿态有助于保持内心的平静和坚定。

- 明确此番对话的积极意图，例如，"我想从这次对话中收集关键事实"，或者"我想让对方感受到自己被倾听"。

- 保持专注：继续保持平静和放松，专注于当下，倾听并感知当下。

第 2 步：对话中

- 保持平静和专注。将注意力集中于自己正在倾听的对象身上。通过姿态展示并实现有效倾听，例如，直接与对方面对面，保持舒展的姿势。

- 保持专注并表现出兴趣。提问，例如"您能多说一些吗？"或者观察并总结对方说过的话。

- 重新确认意图。如果注意力被分散，就再次重新确认自己的意图，例如"我想关注这里的关键信息。"

第 3 步：对话结束后

- 反思对话。思考对话中哪些方面做得好，以及哪些方面自己希望改进。记下自己的想法，例如，"专注于他们说的话，而不是我在想什么。"

6.5 倾听的障碍

我们并非有意成为糟糕的倾听者。然而，妨碍我们进行良好倾听的因素确实存在，且多种多样。有时，我们的注意力集中于自己和自己的想法上，而不是对方。我们脑海中可能充斥着各种各样的想法和念头。又或者我们想掌握话语权，只谈论我们知道或者我们觉得重要的事情。例如，当有人和您分享他们觉得重要的事情时，您可能产生相关但不同的想法——比如："关于培训的所有闲聊都还好，但我更想知道团队为什么就不能把工作做好。"这种情况下，我们容易受自己的想法所牵引，而忽略了对方真正想表达的内容。

我们人类的天性是想在对话中表现自己，或许是为了给对方留下深刻的印象，或许是为了赢得对方的喜欢。例如，当有人开始讲述自己在工作中遇到的问题时，您可能感同身受而脱口而出："啊，是的，我也遇到过类似的事情，我给您讲……"这样一来，对方就会被打断，没法讲完整个故事并分享他们的理解。作为教练，您将焦点从对方转移到自己身上，这可能会使对方分心或思绪被打断。对方在分享问题，而您并没有好好地探索问题的根源，如此一来，也就丧失了有效倾听带来的潜在好处。

分享我们的个人经历不至于让我们成为坏人——我们通常并非有意将对话焦点从对方身上移开。在某些对话中，这样做是可以接受的，甚至还很有趣，比如："哦，您认为那样很糟糕吗？嗨，别提了，我的经历更惨！"这取决于具体情境和我们的意图。问题在于我们缺乏自我意识，没有意识到自己是在劫持对话，导致对话的质量降低了。在之前的例子中，如果我没有注意到自己正在讲自己的亲身经历以便将自己融入对话中，就不大可能停止这样做。然而，一旦我意识到自己的行为导致对方不再解释其当前问题的重要性，我就可以克制自己这种插话的冲动。

> ### 🌰 重点回顾
>
> **深度聆听**
>
> 对于管理者和教练，深度聆听是一项极为宝贵的技能。一旦我们真正开始倾听，实际上就能够提升对方的自我表达能力。随着我们成为更有经验的倾听者，我们不仅能深入理解他人，还能对他们产生积极的影响。无论在怎样的情境下，妨碍我们倾听的往往都是我们自己。我们可能被自己的想法或观点分散了注意力，或者根本就没想着去关注其他人。真正完美的倾听要求我们在对话中将对方置于首位，完全放下自我。一旦开始全神贯注地深度聆听，我们的自我意识（自我中心）自然就减弱了。

第 7 章

有效提问

如果教练工作是通过富有成效的对话过程来实现的，那么有效提出高质量问题的能力无疑是核心教练技能之一。在本章中，将深入探讨有效提问的原则，以及一些实用的注意事项和应避免的坑。我会提供一些常用的问题示例，以及一些具有特定意图的问题，例如，如何拓宽讨论范围、如何让人转念或如何收集更具体的信息。此外，还要提供一个实用的练习来帮助您立即开始提出高质量的问题。

建立融洽的关系还是建立联系

提供有建设性的反馈　　　　　　　有效倾听

柔性影响力　　　　**有效提问**

7.1 提出高质量问题的技巧

有能力提出高质量问题的人通常能够获得更丰富的信息和更深入的理解。您是否曾经参加过某些会议，会上有人提出的问题非常深刻？也许当时的对话已经失焦、难以理解或者大家各执己见，看似无望达成一致。然而，就在那一刻，有人提出了一个好问题。这个好问题对整个情境产生了深远的影响，可能让讨论变得更加明确而直击问题的核心，或者节省时间并让事情重新回到正轨。提出一个好的问题，往往比直接提供一个想法或观点更有价值。然而，在工作场景中，我们往往倾向于有自己的想法或意见，并从自己的角度进行解释。我们习惯于用自己的观点和想法与其他人的观点竞争，因为我们要在对话中努力保持优势。

在教练活动过程中，一个时机得当的、措辞精巧的问题可以打开局面，激发教练对象的洞察力。例如，问题可以是"如果只能改变其中一个方面，会是什么呢？"或者"对您来说，这件事有多重要？"教练对话的成效在很大程度上取决于激发对方自主思考的能力。因此，教练活动过程中提出的问题质量越高，就越能有效地推动教练对象取得进展。

> 一个时机得当的、措辞精巧的问题可以打开局面，激发教练对象的洞察力。

高质量的提问（或者说一个好的问题）有哪些特征呢？在教练领域，好的问题通常具有以下特征：

- 简明；

- 意图明确；

- 有效启发教练对象的思考，而不是试图控制他们的思维。

7.2 大道至简，保持简单的力量

好的问题往往并不复杂，它们在结构上简洁明了。如果您的问题让对方费解而很难马上回答，说明您可能只是在浪费精力让他们感到困惑。例如，尝试回答下面的问题。

问 考虑到当前世界的本质以及我们的组织在其中扮演的角色，哪些关键障碍似乎严重威胁到组织为全球化环境问题做出有建设性的贡献？

您觉得这个问题怎么样？这让我想起学校的考试试卷！这个问题错综复杂，似乎在"暗示某些东西"——即有一个"正确"或"错误"的答案。它的措辞让人反感，仿佛在极力证明什么观点。让我们稍微简化一下，看看有什么变化。

问 对于组织为全球化环境问题做出有建设性的贡献，目前还有哪些关键的障碍？

去掉无用的修饰词后，情况确实有所改善，但我们仍然需要努力理解其含义，费力思考才能形成回应。"关键的障碍""建设性"这样的词语虽然听起来重要，但其含义却不清晰。此外，这样的问题可能让人觉得不接地气或者让人觉得与自己无关。让我们再试着简化一个层次。

（问）组织在尝试解决环境问题时，会面临哪些障碍？

这个问题的感觉完全不一样了，不是吗？现在，我们不再需要费力去理解问题，而是可以直接专注于回答。这个例子鼓励人回答，因为它没有内置任何"自作聪明"的成分。它不会让人觉得畏惧或有压力——任何人都可以有一个有效的观点。因此，如果我们想要提出有效的教练问题，就需要保持语言的简练，使用更短、更简单的词语和术语。

复杂问题和简单问题的对比如下表所示。

复杂问题	简单问题
"情况发展成现在这样，是哪些问题或者复杂因素导致的？"	"造成这个现状的原因是什么？"
"考虑到这个行动后续的影响，您认为这样的举措会有哪些后果？"	"这样做会产生什么影响？"
"您认为托马斯可能在这里提出哪些意见或者看法？"	"对此，托马斯怎么看？"

即使看起来显而易见，也千万不要被迷惑！尝试在会议或专业讨论中仔细聆听人们的发言，特别留意他们使用的问句。在工作场所中使用过于复杂的问题出于以下原因。

• 我们渴望显得高明、机智和知识渊博。为此，我们会故意将一个想法或问题复杂化，而不是选择最简单的表达方式。例如，"托马斯怎么看？"这样的简单问题可能节省时间、有的放矢并提供一种视角的转变。然而，它听起来不够"专业"，这可能会让我们产生一种强烈的冲动，想要提出更复杂的问题。

• 问题还没有明确，我们就开始讨论。我们渴望参与谈话，成为对话的一部分，这可能会让我们还没有搞清楚目标就开始发表意见。清晰的问题，离不开清晰的头脑和清晰的思考，这意味着我们首先要有一种放松而专注的心态。

• 我们不愿意直接提出我们真正想要知道的问题。我们不直接提出问题，而是策略性地围绕它进行提问。例如，当有人解释问题时，我们可能会感到困惑。问题在解释过程中似乎发生了变化，但我们又不想显得愚蠢，因而试图在不表达"我很困惑"的情况下获得对方的澄清。

以下对话展示了无效提问的应用场景：

> 娜奥米：我受够了财务部门的工作方式，他们认为，只要改变处理方式，其他人需要按照他们新发布的文件规定行事。这简直太荒谬了。
>
> 管理者：为什么？哪些"文档"可能有变动？
>
> 娜奥米：不，他们还没有采取行动，只是暗示可能这么做。特别是吉玛，现在她真的很焦虑。
>
> 管理者：[思考] 我有点糊涂了……这有什么问题吗？[询问] 吉玛为什么会焦虑？
>
> 娜奥米：嗯，因为她是那个不得不搞定"新文件"的人。
>
> 管理者：我还以为没有什么"新文件"呢！

尽管管理者感到困惑，但他似乎又不愿意承认。于是，他继续提问，希望能获得一个清晰的答案。他确实可能得到一个清晰的答案，但他更有可能把时间浪费在追求不同的询问线索上，比如"哪些文档'可能'有变动？"。

下面的例子展示他们首先提出自己想到的问题，再来看事态如何发展。

> 娜奥米：我受够了财务部门的工作方式，他们认为，只要改变处理方式，其他人需要按照他们新发布的文件规定行事。这简直太荒谬了。
>
> 管理者：为什么？哪些"文档"可能有变动？"
>
> 娜奥米：不，他们还没有采取行动，只是暗示可能这么做。特别是莫伊拉，她现在真的很担心。
>
> 管理者：[思考] 我有点糊涂了……这有什么问题吗？[询问] 那么，娜奥米，我有点不太明白，到底有什么问题？
>
> 娜奥米：嗯，主要是他们完全不和我们协商，从来不让我们知道内情。

再强调一下，这个简单有效的例子是用来佐证我的观点的。一旦提出自己真正关心的问题，而不是重新措辞或稍作改动，我们就相当于保留了最初想法的完整性和真实性。

我们的第一直觉往往最真实、最清晰，也是最能切中要害的。它通常简单直接，而不是"耍小聪明"。然而，在公开场合提问时，如此直接的问题往往不太能吸引人。

实践出真知

尝试提出一些问题吧……

下次如果有人向您吐槽或者开始抱怨，就试着提出以下问题：

问　还有什么或者还有谁会受到这个问题的影响？

问　您认为是什么原因导致了这个问题？

问　您认为接下来会怎样？

问　您考虑过哪些选项？

问　那么，您决定做些什么？

如您所见，每个问题都有其独特的目的。单独来看，每个问题可能都是有成效的。然而，一旦把它们组合在一起，相互补充，就能够共同推动对话发展，最终得出解决方案，催生解决方案并触发行动。

如果聪明反被聪明误……

人们常常过于看重表面上"聪明"的辩论而忽视简洁明了的重要性，以至于很难提出真正有效的、高质量的问题。同时，我们也不愿意成为房间里唯一一个听不懂别人在说什么的人。您是否在会议中感到困惑时选择了保持沉默？终于有其他人表达出他们的困惑并要求澄清，这对所有人来说难道不是一种帮助吗？一旦对话变得混乱或偏离主题，大多数人选择的是回避，不愿意弄清楚现状。然而，一个简洁明了的问题往往足以使讨论回到正轨。特别是在教练式对话中，出于明确意图而提出简单而深刻的问题，往往能有效推动进展。

> 出于明确意图而提出简单而深刻的问题，往往能有效推动
> 进展。

实践出真知

了解周围的环境

以下练习将帮助您提升对他人及自己提问质量的觉察力。

选择团队中正在进行的一段对话。如果您也是团队成员，可以先
选择倾听，看别的人提出了哪些问题以及问题的类型，之后再考
虑自己如何参与并做出贡献。可以从以下几个方面进行反思。

- 提问的频率：人们提问的频率如何？针对所说的内容，多长
  时间才会做出回应？

- 缺少任何提问的话，会有什么影响？

- 人们提出的问题有效性如何？例如，它们对讨论的质量有
  什么影响？

- 哪些类型的问题效果好？哪些不好？

- 对于您提出的问题，您有怎样的意图或目的？

完成这个观察练习后，请花些时间反思自己在提问方面的不足，
并思考如何改进，以便未来提出更高质量、更有影响力的问题。

7.3 意图明确的问题

有效提问的另一个显著特点是有明确的目的或目标（或者说意图）。
例如，这个明确的意图可能是收集更多信息、激发创意或者鼓励某
人采取行动。如果我们提出问题时缺乏明确的意图，那么这些问题
往往会引发混乱或者得到的结果不如预期。在教练活动过程中，这
一点尤为重要，因为您希望自己的问题能够以某种方式推动对话取
得进展。

意图	教练对话示例
收集一般信息	"关于那件事，您能详细说说吗？"
收集具体信息	"具体来说，您对什么感到不满意？" "您能告诉我实际发生什么了吗？"

意图	教练对话示例
帮助某人更清晰地回忆某事	"您还记得什么？"
使某人重新关注重点,例如,让他们不跑题,或者让他们冷静下来	"那么，这些内容中最重要的是什么？" "现在对我们来说，什么事情最重要？"
了解某人的价值观	"那件事对您来说为什么重要？" "为什么它对您很重要？"
帮助某人理解他人的观点	"巴拉特之所以提出这个要求，可能出于什么原因？" "对于巴拉特来说，什么是重要的？" "如果巴拉特在这里，他会如何描述这种情况？"
让某人将两个想法或者情景联系起来	"您所说的工作压力和培养团队有什么联系？"
在没有压力感的情况下产生想法	"有哪些选择？" "您有哪些可用的选项？" "您可能做些什么？" "您现在有什么想法？"
影响某人做出决定	"您更倾向于哪个选项？" "您决定怎么做？"
促使某人采取行动	"您现在能为此做些什么？"
帮助某人准备克服阻碍行动的潜在因素	"什么可能阻止您那样做？" "［后续］如此说来，您会如何克服这个障碍？"

要点速览

封闭式问题还是开放式问题

要想有效地进行教练对话，您需要培养一种能力——5W，持续提出开放式问题。开放式问题是指那些不能简单用"是"或"否"来回答的问题，它们能够真正激发讨论，引出更广泛的诸多回答。

- 什么；

策略性提问或诱导性提问

在教练过程中，我们的目标是鼓励他人更加自主，因此提出的问题必须具有开放的意图。这样的问题不预设任何特定的结果或回应，例如"您怎么看？"或"有哪些可能性？"这些问题能够引发对方深入思考并给出更广泛的回答。相反，如果问题具有封闭的意图，则假设回应的潜在选项较少，例如"为了不让她更加不安，出于本能，您想做些什么？"这种问题极大地限制了开放式回应的选项。有时，一旦管理者希望对方意识到自己认为对的事情，就会这样提问，就像前面的例子，"我认为您需要在这里采取补救措施。"

当我们提出问题时，就已经知道自己想要的答案，这实际上是一种微妙的诱导和控制方式。因此，请尽可能多提一些自己也不知道答案的问题。

> 请尽可能多提一些自己也不知道答案的问题。

刚开始了解教练的基本理念（例如"提问而不是告知"）时，我们很容易陷入这种提出策略性问题的陷阱。这是因为我们知道不应该直接指导，而应该让别人自己找到答案，但我们仍然控制不住自己，本能地想要帮助或诱导对方找到解决方案，并可能为此提出一些策略性的问题。

下表给出一些策略性问题和具有开放意图的问题。

策略性问题	更具有开放意图的问题
"关于这件事儿，您不能和您的老板谈谈吗？"	"关于这件事儿，您需要怎样的支持？"
"您有没有考虑过制订一个计划，让所有人都同意这些日程安排？"	"您怎样才能让所有人都同意这些日程安排？"
"这一切让您有多么生气？"	"您对此有何感想？"

策略性问题	更具有开放意图的问题
"您的人力资源代表能帮助您做些什么？"	"还有哪些人可能帮到您？" [或更开放]"您打算怎么做？"
"您不是说玛丽亚实际上不想参与吗？"	"玛丽亚对此有怎样的感受？"

由此可见，策略性提问往往带有更强的意图，提问的人似乎在引导对方朝某个方向思考，或者对答案有所期待。这类提问有时又称为"诱导性提问"，因为提问的人似乎在用一种微妙的方式将对话引向一个固定的结论。在教练领域，这类问题通常不如开放式问题有效，因为它们可能限制教练对象的开放性、创造性和参与性。

> **要点速览**
>
> **检查自己的语气**
>
> 一个好的问题可能因为糟糕的语气而功亏一篑。例如，尝试用下面三种方式大声提出这个问题："您为什么那样做？"
>
> - 语气上表现得对方仿佛是您遇到的最愚蠢的人；
>
> - 带着微笑，用一种轻松愉快的语气；
>
> - 用温和、中立的语气。
>
> 用"为什么"开头的问题也有一个潜在的陷阱，因为它们可能导致人们产生防备的心理或者觉得需要为自己辩解。因此，慎用"为什么"，语气上缓和一些，试着保持中立的态度。这样，对方就不会因为您提出的问题而感到自己被评判，以更放松的心态来回答问题。

7.4 强有力的问题

在对话中，人们有时会被某个问题卡住，例如，他们只想谈论问题本身，而不想讨论任何潜在的解决方案。此时，强有力的问题就非常有用，因为它们不仅包含问题的陈述，还能推动问题得到解决。一个强有力的问题可以将某人的精力从描述或辩解转向更有建设性的思考。此外，重点着眼于解决方案的话，有助于缓解紧张的氛围，让对方从挫败感走向积极乐观。

一个强有力的问题具有以下特点：

• 承认问题或挑战；

• 假设积极的结果是可能的；

• 是开放式的（例如"什么""如何"等），可以激发创造性的回应。

在工作场景中，我们经常遇到忽略解决方案可能性的抱怨或问题，例如"我们做不到"或"这不可能"。作为教练或管理者，您增加的价值在于在某种情况下创造一种可能性来帮助对方得出解决方案。

问题或者抱怨	强有力的提问
"没希望，我们根本不可能在周五前干完,因为我们还有太多其他的工作。"	"我们怎样做才能既要在周五前干完这个活儿，又要处理工作安排中的其他任务，我们该怎么办？"
"我们很想再办一次员工夏日派对，但今年的资金必须用于培训。"	"我们怎样做才能既要举办夏日派对，又要有足够的资金来进行培训呢？"
"我们确实需要安排一些团建活动来提高协作能力，但大家的角色即将发生变化，我们还不知道可能有什么影响。"	"我们怎样做才能既要现在进行团建，同时又要支持未来新的角色安排？"

> **重点回顾**
>
> **强有力的问题**
>
> 在教练活动过程中，有效提问能够激发有价值的思考和反思，有助于教练对象产生洞察、厘清思路甚至促成行动决策。提问应当简单明了，使人们集中精力对回答进行组织，而不是理解问题本身。此外，强有力的问题还应具有明确的意图，例如收集更多信息、转换视角或者创造对未来的设想。一旦提出的问题足够开放、简单且目标明确，人们就能够以更自由、更开放的方式做出回答。因此，在进行教练活动时，提问最好能有开放性的意图，也就是说，不要预设任何固定的结果。

第 8 章

柔性影响力：
垫脚石模型

管 理者需要的第四项教练技能是在对话中采用灵活的影响力风格。我将探讨如何在对话中影响他人，并识别这些不同的影响方式。基于之前的教练思维（例如强指导型和弱指导型），我将展示如何灵活选择这两种风格。一旦了解了"告知"和"询问"在行为上的差异，您就可以在两种风格之间自由切换，甚至将它们结合起来使用。垫脚石模型对此极有帮助。当然，正如您所期待的，我会为此提供提示、建议和指导，鼓励您充分吸收并运用这些观点。

建立融洽的关系还是建立联系

提供有建设性的反馈

有效倾听

柔性影响力

有效提问

8.1 什么是柔性影响力

"柔性影响力"究竟是什么意思呢？简单来说，如图 8.1 所示，影响力有两个基本的端点，即"指令型"和"自我主导型"。

指令型

自我主导型

- 我知道如何做
- 我来告诉你
- 你听从指令

- 你知道如何做
- 我来启发你
- 你来决定

图 8.1 柔性影响力：垫脚石模型

8.2 培养柔性影响力为何如此重要

教练式对话能够影响一个人的思想、行为和认知。为此，我们通常会少用强指导型或指令方式，转而采用倾听、提问和提供反馈等有效的方法。然而，关键在于认识到一点：教练式对话并不只是向对方提出一连串问题。

> 教练式对话并不只是向对方提出一连串问题。

想象一下，如果在对话中您只能提问，别的什么也不能做。对您来说，这种限制可能会让您感到沮丧，甚至觉得有些不自然。作为管理者，您可能会听出一些话不合逻辑，或者了解到一些不能任其进一步发展的状况。您可能想表达观点和进行观察，但又觉得不可以这样。对教练对象来说，您有一连串问题而没有"输入"，可能会使其困惑、不自然甚至有压力。对话过程应该是自然的，让双方都感到舒适。因此，为了在对话中保持有效性和舒适感，您需要运用其他行为方式。这将帮助您在合适的时机从强指导型风格转变为更偏向于鼓励的弱指导型风格。例如，可以先抛出自己的观点，然后再通过提问的方式回到弱指导型的风格。

对话要让双方都觉得自然。

> **要点速览**
>
> **说服自己，让自己化身为教练**
>
> 当您开始学习采用教练式管理风格时，我建议您多采用弱指导型教练行为，例如保持沉默、提问、归纳总结和进行观察，而不是急于给出建议或指令。通过真正学会在对话中"后退一步"，减少干预，您将亲自体验到弱指导型风格的好处。对于教练对象来说，他们可能会觉得有人在倾听并尊重自己的想法，同时也会受到积极的挑战，例如分享其个人的观点和想法。

8.3 垫脚石模型：强弱之间的行为方式

有些言语显然是强指导型的，旨在直接影响他人，例如"我想让您做这件事。"而有些言语则鼓励某人自己做出决定，例如"您想做什么？"在强弱这两种极端行为之间，有多种影响程度不同的表达方式。例如，如果我就您所说的内容或与之相关的情况进行观察，那么这种表达对您产生的影响就比直接给出建议更加中性（参见图 8.2 中的垫脚石模型）。现在，让我们深入探讨垫脚石模型并思考如何运用该模型。我们将从弱指导型的行为开始，然后逐渐过渡到强指导型的行为（即从图的右端移向左端）。

指令性　　　　　　　　　　　　　　　　　　自我导向型

指令　建议　观点　观察　总结　提问　沉默

图 8.2 垫脚石模型

自我觉察检查

您目前的灵活程度如何？

为了提升自我觉察，您可以使用以下问题进行自省。或者，也可以邀请别的人在会议等场景中观察自己是如何影响其他人的，并请他们代为回答这些问题。

问　回忆您在工作对话中是给出自己的观点还是努力理解别人的观点？哪个看起来更重要？

问　您有多少次只是简单总结别人所说的话，而不是立即加入自己的观点或想法？

问　您是否经常观察别的人在说什么？多久一次，只是为了把他们的注意力吸引到对他们可能有帮助的事情上，而不是接着说您自己的观点？

最后，花时间反思，在对话中，您觉得自己能够有多放松，以至于并不急于去影响别人。例如，您是否可以简单地引导对话，而不是在对话内容或者方向上提供任何意见？

8.3.1 第 1 种行为：保持沉默（一言不发）

将"保持沉默"作为一种影响风格听起来可能有些奇怪，但在某些情况下，对话中的沉默可能是最完美的回应。您的沉默可以让对方停下来，反思自己刚刚说的话，或者帮助他们更深入地思考正在讨论的内容。这种沉默传达出您的平静，让对方感到放松，并在您营造的舒适氛围中自在地交谈。同时，保持沉默也能帮助您真正地倾听对方，观察他们的肢体语言或感受他们的情绪。

然而，就像这里描述的所有行为一样，滥用沉默可能也会适得其反，导致对方因缺乏言语回应而感到紧张。当教练对象觉得您的沉默让他们感到尴尬时，您可以从他们的非语言信号中察觉到这一点，例如他们的姿势、语调或面部表情的变化。有些信号非常明显，表明您需要做出回应，比如他们停止说话，带着期待的表情直接望着您。其他信号则更微妙，例如，随着时间的推移，您可能注意到他们表现出来的一些沮丧或紧张。

8.3.2 第 2 种行为：提出开放式问题（措辞中立）

最微弱的弱指导型风格提出的问题应该是开放式的，并且措辞尽可能中立。例如，"您认为您应该提前和本杰明一起计划会议吗？"这个问题是封闭式的，因为它可以用"是"或"否"简单回答，并且它具有指导性，因为它暗示了应该为会议做计划。相比之下，一个更中立的问题是"你们打算怎么做会前准备？"这个问题暗示了会前准备的必要性，虽然仍略带指导性，但对这个场景来说可能是合适且有帮助的，因为它促使对方考虑准备工作。不过，如果对方当时想要先讨论会议的其他方面，那么这种过于具体的提问可能就显得有些突兀。另一个更中立的提问可能是"对于会议，您现在有什么想法？"虽然这个问题可能显得有些含糊，但它可能正好可以帮助对方展开思考。正如前面提到的，必须保持自我觉察，理解自己的意图，并判断在特定情境下哪种做法最有利。这种对最佳提问方式的直觉，需要不断地培养和发展。

> **要点速览**
>
> **身体不会说谎，是您得力的助手**
>
> 多年的教练工作经历让我发现了一个奇怪而真实的现象：身体可以作为一种指示器来帮助自己了解对话的进展，甚至能为自己提供下一步的行动指导。在教练对话中，学会"倾听"自己的身体，尤其是头部、腹部和躯干，以便时常检查它们的响应，从而对当下进行回应。
>
> 例如：
>
> - 如果对话是顺畅的，即进展顺利，您的身体会有什么感觉？
> - 当您意识到情况有些不对劲时，您的身体会有什么反应？
> - 当您需要决定要不要发言时，例如保持沉默还是发言，您的身体会向您传递什么信号？
>
> 随着您与身体的联系越来越紧密，您将学会信任并接受它的指引。例如，我已经和某人就某个话题聊了一会儿，但逐渐感到

对话变得有些空洞，好像没有任何进展。此时检查我的身体，我的身体就会给我一个明显的信号。也许是我的腹部或肩膀觉得轻松，或者头顶觉得有些怪。

再比如，我想问某个问题，但一想到这个，我的腹部就觉得沉甸甸的，所以我会选择保持沉默。这些只是我个人的一些信号，您的身体与您沟通的方式是独一无二的。这些身体信号可以用来挖掘您的自然直觉并真正提升您的教练能力。您可能需要一些时间来提升自己的觉察力，直到能够全然信任身体的觉知。这将对教练效率和成果产生积极的影响。

8.3.3 第 3 种行为：总结自己所听到的话

一旦开始简短地总结对方说的话语，不仅对自己所倾听的对象有用，对自己也有很大的帮助。

对于您自己来说，进行归纳和总结具有以下好处。

- 确认理解，表明已经理解对方想要表达的重点，从而确认双方达成了共识。

- 筛选信息，引导对方关注自己认为的关键事实，略过不太相关的细节。

- 保持参与，例如，某人可能一直在说话，没有停过。

对于对方来说，您提供的总结具有以下好处。

- 提供反思空间，让他们从谈话中得到休息，从而有时间反思自己所说的话。

- 提供客观视角，使他们能够后退一步，从您的视角倾听他们的情况，从而获得关键事实或对事件更客观的看法。

- 使其保持清醒，使他们更加清醒地意识到对话的内容，可能是他们因为某些因素偏离了主题，迷失于一些不太重要或者不太相关的事情中。

您会发现，提供快速总结的收益可能让人感到惊喜。人们在听到自己刚才所说的话时，往往会产生一些原本可能没有的想法或见解。

> 提供快速总结的收益可能让人感到惊喜。

要点速递

总结：少即是多

虽然总结可以带来诸多好处，但过度使用这个工具可能适得其反。在对话过程中，过多的总结可能拖慢进展，甚至让试图讲话的人感到沮丧。

关于何时适合进行总结，我的建议如下：

- 如果您长时间没有发言而感觉跟不上讲话的人，例如，对方与您失去了眼神接触，似乎在自言自语；

- 如果您觉得对话正在失焦或绕圈，同样的或相似的事实正在不断重复；

- 如果您觉得自己听到的内容不清晰而希望与对方确认自己理解了他说的话或感受；

- 如果您认为对方可能感到疲惫或困扰，可能希望从对话中得到休息或者需要一些时间来反思；

- 如果您特别想让对方把注意力转到他们所说的某个内容，例如某个词语、短语或情感。

记住，总结的关键是时机和适度，这是它真正发挥作用的关键。

8.3.4 第 4 种行为：反馈观察意见

反馈观察意见是指当您注意到某件事情（比如对方说的话）并选择性地将其注意力引导到这件事上。由于您有明确的理由吸引他们的注意力，因此反馈观察意见比总结具有更强的指导性。例如，对方可能正在以一种有趣的方式自相矛盾或者一直使用某个特定的短语或负面话术，而他 / 她自己却完全没有意识到。

当您提供反馈观察意见时，最好先检查一下自己的观点是主观的还是客观的。当您的观察意见相对主观时（也就是说它包含您的一些解释或观点），它的指导性就会更强。示例如下表所示。

观察	主观还是客观
"您刚才三次提到周一的会议可能有一些困难或者有些挑战。"	这是事实,允许对方判断其重要性和相关性
"您似乎很害怕周一的会议。"	这是您的观察,根据他们所说的话来解读其感受
"周一的会议似乎比您最初想讨论的主题更重要。"	这更多是您的解释,而且显然更直接地表达了您认为接下来会怎样

这里没有绝对的对错之分。表中任何一个例子可能都是有效的选择,这取决于具体所处的情境以及对方认为哪种方式更有帮助。

8.3.5 第5种行为:发表自己的观点

当您发表自己的观点时,是在运用个人的思路、知识和经验来对别人的处境提出看法。相比简单的总结和反馈观察,它的指导性更强,因为您已经对情况做出了判断,并试图影响对方的看法或决策。注意,不同的观点可能产生不同程度的影响,具体取决于以下几点:

• 您对整体情况的准确判断;

• 您和对方的关系 / 信任程度;

• 对方是否愿意听取并接受您的观点。

下表对此进行了说明。

您的意见	指导性的强度或被拒绝的风险
"我想知道莱克西是不是对自己在项目中的角色感到有些不舒服。"	这是说法措辞微妙,它看起来更像一个值得思考的问题而不是一个观点
"我觉得,听起来莱克西对自己在项目中的角色感到不舒服。"	这种说法简单明了又直接,它作为一个观点被表达出来,即"我认为"
"莱克西显然对自己在项目中的角色感到非常不舒服。"	这种说法更加自信、明确,因此有更强的指导性或暗示对方采取行动

为了强调在对话中影响他人的不同方式，我描述了一系列行为方式（图8.2）。您可能已经无意中使用了其中的一些。例如，我猜您通常会自然而然地给出意见、建议或者指令，但很少进行总结或者提供简单的反馈和观察意见来帮助对方思考。为了培养真正的柔性影响力，您可以尝试以下方法。

- 首先，提高自我觉察。注意自己通常在对话中影响他人的方式或者请同事观察自己，例如在会议中。

- 其次，设定一段时间，尝试新的行为方式。在这段时间内，避免沿用自己之前的典型行为，例如提供意见或者建议，强迫自己使用其他的响应方式，例如总结或者反馈观察意见。与自己信任的同事分享自己的改变计划，这样既能得到他们的支持，又能增强您坚持新的影响风格的决心。

- 最后，观察和评估效果。注意行为改变前后的差异，也可以向同事征求反馈。例如，"这样做有效吗？有什么不同吗？"

一旦开始尝试使用新的行为方式，例如总结、沉默或者反馈，您就可以自行决定哪些行为方式最有益。记住，这样做的目的是换一种新的方式来影响人，帮助他们独立思考和行动。因此，当您回顾"这是否有效"的时候，需要留意自己是否已经达到了目的。

8.3.6 第6种行为：给出建议

当您给出建议时，是在告诉对方您认为他们应该怎么做，同时也会接受他们可能不会去做的事实。这可能就像您对朋友的做法相似，例如，"如果我是您……"或者"要是我，就会做……"。这样表达观点不同于给出建议，因为给出建议有更明确的意图，要影响另一个人的行为。正如您已经知道的，教练倾向于不告诉对方应该或者可以做什么，而是帮助他们全面思考问题并自行作出决定。

在学习教练的初期，我鼓励您尽量不要给出建议，而是培养自己的弱指导型教练能力。然而，确实有些时候，根据当时的情况，您的建议是相关的、有用的，也是支持性的，是切实所需的。下表将详细列出一些例子，从允许某人保持自主到给某人提供明确的指示，帮助您反思建议的不同力度。

您的建议	指导性的级别
"我想知道您是否需要和人力资源部门谈谈。"	这句话虽然措辞精妙，但提出的建议也很容易被拒绝
"我认为您应该去和人力资源部门聊聊。"	这个建议简单、清晰、切中要害，很有主见，即"我认为"
"去和人力资源部门聊聊，获得专家意见真的很重要。"	这个方式自信且切中了要害，所以是"指导性"的，或者暗示了要采取行动

请记住，如果您是某人的上级或老板，您的任何建议在他们看来可能都是指令。您的下属可能期望从您那里得到指令或解决方案。如果发现某些下属有这样的期望，就说明建议与指令是等效的，因为它们会对他们产生相同的指导效果。另一个方式是明确说明这只是一个建议，例如："这只是一个建议，仅供参考，您仍然需要根据自己的情况来决定什么是最适合自己的。"

> **要点速览**
>
> **柔性影响力风格以及如何处理糟糕的想法**
>
> 鼓励某人自主行动，并不意味着需要让他们随心所欲，不去考虑可能的后果。在培养柔性影响力风格的过程中，您可以根据具体需要，适时地在指导性影响力杠杆上进行灵活的调整。以下对话展示了这一点。
>
> 管理者：那么，我们需要做什么才能拿下这个客户的生意呢？
>
> 贾维德：我想给他们提供更大的折扣。我知道，如果我们这么做的话，一定能拿下这笔生意。
>
> 管理者：[观察] 哦，是的，这可能增加我们的机会，但我们的价格已经降得很低了。如此说来，更大的折扣恐怕不是一个选择。
>
> 贾维德：好吧，我之前没意识到这个。那您认为我们应该怎么做呢？
>
> 管理者：我很想知道您还有其他什么想法。毕竟，您和他的关系不错。嗯，如果抛开价格，还有什么对他来说很重要？
>
> 在这个对话中，管理者通过观察和分析，发现这个想法不可行，于是拒绝了这个想法。然后，管理者抵制住了直接提供解决方案的诱惑（从而直接指导贾维德的行动）。相反，管理者通过提问的方式来引导贾维德继续思考，例如"对他来说，还有什么对他很重要？"这样的问题可以帮助贾维德自主找到解决方案。

从垫脚石模型（图 8.2）的角度来看，管理者最初采用了弱指导型的"询问"方式，随后转向指导性更强的"反馈观察意见"行为，最终又回归到"询问"。这种灵活转变不同指导风格的能力，正是我所说的柔性影响力。

8.3.7 第 7 种行为：给出指令

当您指示某人做事时，自然希望通过强指导型手段来影响他们。有趣的是，有些指令比其他指令更强。有些指令规定了具体、详细的行动，而有些指令则说明如何以最好的方式解决问题。因此，可以使用指导型指令来帮助某人变得自主性更强！下表解释了这个看似矛盾的现象。

指令	方向性指导或鼓励自主的方向选择
"去找贾娜谈谈，并请她重新安排会议。"	显然，这是一个强指导型指令，表明您知道会发生什么，并且您正在告诉某人去做那件事
"去找贾娜谈谈，想一个大家都同意的解决方案，然后告诉我你们打算怎么做。"	尽管这是一个强指导型指令，但它仍然给予对方一定程度的授权——自主决定行动计划
"好的，用剩下的时间想出这个问题的解决方案。在今天结束前回复我，告诉我您打算采取什么行动。"	这显然是强指导型的，期望对方提供解决方案。这可能会给人带来一些压力，可能效果好，也可能效果不太好

请记住，指令的效果可能因为您的态度和语气而相差甚远。例如，严厉、简洁、急躁的语气与温暖、放松的语气所产生的影响截然不同。可以尝试用不同的说话风格大声说出上述指令，亲自体验一下差异，找到其中的感觉。

> **重点回顾**
>
> **柔性影响力风格**
>
> 在教练式对话中，只是抛出一系列问题，任由对方自行决定做什么和怎么做，这样做既不符合自然规律，也不切实际。作为管理者，需要在授权与务实、规则之间找到平衡。这意味着您需要根据不同员工和对话阶段灵活运用不同的方法，以适应不同的影响风格。
>
> 这包括能够随时改变影响力风格，例如从强指导型风格转到弱指导型风格。运用中间行为，例如总结、观察反馈和提供意见，这些方法有助于您培养和提升自己的柔性影响力。

第 9 章

如何给出有建设性的反馈

第5项也是最后一项技能是提供有建设性的反馈。这对于任何管理者或领导来说都是一项至关重要的技能。因此，我将为此提供一些新的视角。我还会解释教练语境下的有建设性的反馈指的是什么、提供反馈时需要遵循的原则以及可能遇到的一些天然障碍。像往常一样，我会提供提示、建议和指导以及一些练习，帮助您掌握这项技能。

建立融洽的关系还是建立联系

提供有建设性的反馈　　有效倾听

柔性影响力　　有效提问

如果您对反馈对话的各个阶段和先后顺序更感兴趣，可以直接跳到第 11 章，查看"创世纪项目"中关于对话反馈过程的实例。

9.1 教练语境下的反馈

在工作场景中，反馈是指向其他人提供观点、信息和建议，旨在促进对方表现更好、取得学习进步和个人发展。例如，我刚刚完成一份报告，您向我提供反馈，指出报告中哪些部分有效，哪些部分有待改进。再比如，我已经为您工作了 6 个月，您可能希望针对我的工作进展和我做一次全面的沟通，并从您的视角给出对我有益的建议。

带有贬义的反馈

在工作场景中，人们有时会用"反馈"这个词来掩饰批评。最糟糕的是，如果我们以"反馈"这个委婉的说法来对某人发难，甚至可能对对方构成侵犯。一听到"我想给您一些反馈"这样的措辞，接受反馈的人可能会感到不安甚至害怕。他们可能担心自己是不是做错了什么，或者即将受到某种形式的批评。这真的很遗憾，因为反馈其实可以产生完全积极的效果，我希望有机会证明这一点。

9.2 关于反馈，给予比接受更糟糕吗

相比接受反馈，许多人更不喜欢给出反馈。我们通常会想象接受反馈的人可能有哪些负面的反应，这让人感到不舒服。我们可能还担心接受反馈的人因为我们的反馈而对我们有看法，甚至拒绝我们。此外，我们可能还担心他们会变得情绪化，可能变得戒备、敌对或不安。

> 相比接受反馈，许多人更不喜欢给出反馈。

9.2.1 别去想"蓝兔子"

具有讽刺意味的是，我们对事情可能进展不顺利的心理准备，实际上加大了事情进展不顺利的概率。因为我们的思想会引诱我们关注更多的事物。例如，如果我告诉您不要去想那个戴着墨镜的蓝兔子，对，不要去想那个戴着墨镜的蓝兔子，可是您脑海中浮现的画面偏偏就是它！

所以，在给出反馈之前，我们常常运用想象力来构想最糟糕的情景，然后试图让它们"不要"发生。然而，就像告诉自己不要去想蓝兔子一样，这些负面的想象反而成为我们的焦点。例如，您准备和团队中的话痨佐伊进行对话。她真的很闹腾，会发出一种让您觉得刺耳的笑声。当您准备和她进行对话时，您在想："我在给她说她的

行为模式时，不要说'尖叫''刺耳'或'咯咯笑'，那听起来太针对她个人了。绝对不要说'尖叫'或'咯咯笑'，那会很糟糕。"然后，当您和佐伊进行对话且她问您什么意思时，您能想到的不正是这些词吗？

9.2.2 解决方案，专注于自己想要的

要解决这个问题，可以用一个简单而有效的方法：在给出反馈时，专注于自己想要的，而不是自己不想要的。例如，在您与佐伊的对话中，如果您想用"活泼、健谈和热情"这样的词来描述她，就专注于这些积极的词汇。将注意力放在您希望事情如何发展上，这不仅能改变您的谈话方向，还能显著提升对话的效果。这种思维方式对情绪管理同样有效。也许您决定以平和的方式给出反馈，那么可以这样想："好的，我现在要感到平静和放松。"进一步构建这种积极的情绪，想象一下感到平静和放松是什么样的，以及在这种状态下您会如何表现。例如："好吧，我可以想象在和她谈话时感到平静和放松。我可以想象事情进展顺利。"当您专注于事情进展顺利的情景时，就会自然而然地接近那样的结果。

> 在给出反馈时，要专注于自己想要的，而不是自己不想要的。

9.3 关于反馈，精彩之处在哪里

通过将注意力转移到有效反馈的优点及其可能给人们带来的价值上，我们不仅会立刻感觉良好，还能增加机会为别的人给出有意义的反馈。在工作场景中为同事提供建设性的反馈可能带来以下好处：

- 获得感激，人们会感激您对其个人发展的承诺以及提供的支持，尤其是他们认为您为此付出了真诚的努力时；

- 满足自我表达的需求，我们往往喜欢谈论自己，尤其是这些谈话有助于我们提升某方面的能力时。想象一下，如果经理从来没想过和您谈谈您的表现，您会有什么感受？

- 促进学习与成长，我们渴望学习，希望感到自己在某个领域取得了进步，尤其是我们觉得这个领域值得个人去挑战时。

9.4 反馈的关键原则

接下来讨论的大部分原则都与可能"正面"还是"负面"信息有关。这两个术语都是主观的。例如，您收到反馈，指出您似乎更重视完成任务而不是关注人们的情感。我可能认为这条信息是负面的，但您可能认为它是正面的。为此，我们假设正面信息指的是赞美性的陈述，而负面信息指的是关于问题或需要改进的较为棘手的信息。无论哪种情况，以下原则都适用，尤其是在传达那些可能让人感到不适的信息时。

9.4.1 原则 1：准备阶段，2W1H（为什么、是什么以及怎样）

在给出反馈之前，首先确保自己已经做好准备，并专注于积极的结果。例如，明确自己为什么要给出反馈、想传达哪些信息以及如何以及在哪里传达这些信息。此外，稍微考虑一下对方可能的反应，即他们可能有什么感受。站在对方的角度思考，然后决定最佳的沟通方式。例如，完全避免使用"反馈"这个词通常是有效的，可以改为更具体的表述，如"我们能聊聊昨天的会议吗？我想谈谈它是怎么进行的。"更全面的准备要点，请参见本章后面的要点清单。

> 完全避免使用"反馈"这个词通常是有效的。

9.4.2 原则 2：保持轻松乐观，情绪值要"高于零"

对于任何对话，情绪状态要么是助力，要么是阻力——导致您无法灵活地进行思考、说话和应对。让我们想象一下，有一系列情绪状态，我们可以将它们放在一个数字刻度尺的不同点。高于零通常是正向的，例如平静、放松和自信，而零是中性的。低于零更多可能是负面的，例如犹豫、惊恐，甚至烦恼和沮丧。我鼓励您在情绪稳定的前提下给出反馈，或者在您已经对情况感到乐观之后，尤其是当您传达坏消息时。情绪稳定不仅影响您自己的表现，还有望支持到和您交谈的人，帮助他们更好地接收到您传达的信息。

> 只在情绪稳定时给出反馈。

9.4.3 原则 3：以积极的意图给予反馈

有建设性的反馈应当基于对接受者有积极的意图。例如，您可能希望自己的反馈能够促进对方的个人成长、推动任务的进展或者提升其日常工作表现。当然，也可能有一些不那么积极的原因，比如对方的态度一度很消极，而您希望这种情况不再发生。在与对方进行反馈对话之前，请先审视自己的意图。它们是否真的积极？在考虑给出反馈时，不妨认真想想："对方是否能从我的反馈中受益？"

> 排练是消除计划对话中任何问题的有效方法。

一旦明确某件事情可能对他人有益且时机合适，您就可以与对方分享。例如，您可以说："我希望这能减轻您在团队会议中的压力。"如果您发现自己提供反馈的动机是出于个人情绪，比如"我对他真的很生气"或"我就是不喜欢他这个人"，那么您就需要进一步反思，找一个更客观的视角来引导自己。如果找不到这种中立的立场，您将很难在对话中保持客观和公正。

9.4.4 原则 4：明确表达自我，说出内心真实的想法

如果给出反馈只是因为别人认为这是个好主意，那么我建议您务必谨慎行事。例如，尼亚姆和巴拉特都是您的下属，尼亚姆向您抱怨巴拉特。她指出，您不在办公室的时候，巴拉特经常迟到，她希望您能解决这个问题。当然，您没有理由怀疑尼亚姆的话，因为您信任她，她的抱怨对您来说也不是什么大问题。毕竟，巴拉特是团队中表现最出色的成员之一。真正的难点在于，尼亚姆觉得这样不公平，并期望作为管理者的您能够公平公正。例如，您是否会尝试让尼亚姆冷静下来，希望她停止抱怨？或者您会和巴拉特谈谈，尽管这可能带来新的问题。毕竟，如果只是有人匿名抱怨，可能会让巴拉特感到不满。如果投诉者不愿意公开自己的身份，那么巴拉特可能会怀疑整个团队的氛围。或者巴拉特可能反驳这些指控，认为它们不属实。这样一来，将很难取得任何实质性的进展，除非尼亚姆愿意站出来说话。

"行有不得，反求诸己"，谁提出问题，谁就应该为问题负责。一种有效的解决方法是鼓励尼亚姆亲自提供反馈。向她解释您的理由，以及在这种情况下您直接向巴拉特反馈的话可能带来风险。在万不得已的情况下，如果实在无法避免向巴拉特传达信息，您可以选择在这种情况下充当调解者的角色。例如："我代表尼亚姆来和您谈这件事，因为她觉得自己无法直接和您沟通。"尼亚姆需要知道您的这个举动，而尼亚姆和巴拉特都需要在后续保持积极的沟通。这样做意味着您是在引导他们展开对话，或者鼓励他们以建设性的方式解决问题。

> 行有不得，反求诸己。

9.4.5 原则 5：保持客观以免主观臆断

保持客观意味着尽可能排除个人判断，转而依赖于场景中可以观察到的事实。主观陈述往往包含个人的解读和想法，依赖于判断的准确性，因此更容易遭到拒绝或反驳。相比之下，客观陈述更为中性，因为它们基于事实，所以更容易被接受。假设您需要给同事马库斯提供反馈，特别是针对他频繁承诺却又未能履行的行为。关键在于以客观而非主观的方式传达信息。下表中的陈述对此进行了很好的说明。

主观陈述	客观陈述
"我不确定您是否能够应付，我只是觉得您没有做到。"	"我们最近几次跟进对话似乎都涉及延期交付。"
"您没有在您说好的时间内完成交付，这让我们制订的计划成为笑话，昨天简直就是一场灾难。"	"最近的一些经历让我有些不满，我需要一直追着您要计划要交付的东西，昨天您缺失的数据导致我们不得不推迟计划。"

由此可见，客观陈述更偏重于事实。像"主要是"或"一些经历"这样的表述较为模糊，使用具体的数字会更加清晰，例如"这样的情况本周发生了两次"。然而，为了使信息传达更温和，我没有使用具体的数量。请记住，我们的目标是推动对话取得进展以寻求解决方案，而不只是指出某人的错误行为。若想更深入地了解建设性反馈对话的结构和阶段，可以参考第 11 章。

要点速览

准备给出反馈

下次向某人提供反馈之前，花几分钟时间思考以下内容：

- 您为什么想要给出反馈？它是否真的可能对对方有益？

- 这是您的反馈，还是代他人转达？您是否能够为这些信息负责？

- 您想要传达什么关键信息？它们是否客观且基于具体的行为表现？

- 您计划如何、何时以及在哪里给出这些信息？时机和场景是否合适？

- 针对给出反馈，您怎么看？您的情绪值是否高于零？

- 您希望通过这次对话取得什么结果？

- 接受反馈的人可能对这个反馈做出怎样的反应？

一旦给出反馈，您可能就希望反思一下它的效果，或者下次还想尝试一些不同的方法。如果足够勇敢，甚至可以让反馈对象来为自己收集一些反馈！

9.4.6 原则 6：论迹不论心

有建设性的反馈应当针对行为而非对个人或其个性进行评价。例如，"您太专横了"就属于对个人的攻击，而"有时您会打断别人说话"则是对行为的描述。通常，我们能够选择自己的行为，但对于"我们是什么样的人"，选择往往少得多。因此，反馈应当基于对行为的观察，而非对人或其个性的评判。下表提供了更多的示例。

针对个人的评价	针对行为的评价
"在信守承诺方面，您就是个垃圾。"	"有时，您没有遵守自己的承诺。"
"我发现您就是有控制欲。"	"我希望您能再多听一些我的想法。"
"您太固执了。"	"我鼓励您以更灵活的方式回应我。"

9.4.7 原则 7：提供平衡的信息

注意，只有当积极因素与消极因素相关联并且您能以真诚自然的方式传达这些积极因素时，才适合选用这种方法。所谓"自然"，是指符合对话的逻辑与语境，与正在讨论的内容强相关。下面这个示例出现在管理者与塔尼娅对话的中间部分。此前，管理者已经指出，在会议中，尽管塔尼娅热情且自信地表达自己的想法，但她真的经常忽视或打断其他人的发言。

> 管理者：塔尼娅，我要补充一点，我非常欣赏您在会议上很活跃，您总能带动大家积极参与，这真的很棒。但有的时候，团队中那些比较安静的成员似乎不太有机会表达自己的观点。如果可能，我希望我们能听听他们在这方面的想法。

管理者在肯定塔尼娅积极主动（如有活力和有带动能力）的同时，也平衡了消极因素，且没有削弱主要信息。我们的目标是，在适当的时候认可积极的特质和行为。通过这种方式，我们不仅能更全面地看待问题，还能帮助被反馈者保持积极的心态。如果为了"支撑"一个否定的信息而强行编造一些积极的内容，效果往往会大打折扣。因此，务必保持正面信息的真实性！

> 在适当的时候认可积极的特质和行为。

9.4.8 原则 8：检查理解度和参与度

为了更有效地传达反馈，我们需要了解对方从反馈信息中真正理解了什么，以及他们是否准备好从行动上进行改变。让他们更多参与对话，而不只是被动倾听，这一点非常重要。为了减轻对方的压力，我们提出的问题可以更开放一些，让对方可以趁此机会表达个人的观点，而不是让他们觉得必须以某种特定的方式回答。例如，可以问"您觉得这听起来怎么样？"或者"您对此有什么看法？"通过创造双向对话，而不是单方面的讲解，我们可以保持良好的关系，更有效地传达信息。同时，这也减轻了我们自己的压力，因为我们是在帮助对方表达他们的想法和回应。关键是，在给出反馈之后，要及时进行这样的确认。

下面这个管理者与塔尼娅后续对话的例子，发生在管理者向塔尼娅反馈她在会议中频繁打断他人之后。

> 管理者：这么说来，主要是您的行为影响到了其他人以及整个会议对话的平衡。您觉得呢？
>
> 塔尼娅：嗯，我有点吃惊，我的意思是，我之前没有意识到这是个问题。我当然不希望因为我说话而使其他人保持沉默。
>
> 管理者：嗯。［保持中性语调，随后沉默］
>
> 塔尼娅：我的意思是，如果有话要说，他们应该说出来，像我这样。我不明白他们为什么做不到？

在这个对话中，管理者让塔尼娅有机会表达自己的想法和处理反馈意见。她的第一反应可能并不是她最终的回应，而管理者没有立即做出回应，而是通过保持沉默让塔尼娅继续表达她的想法。如果管理者一直不停地讲，不给塔尼娅回应的余地，那么在这次对话中，塔尼娅可能会感到非常压抑。作为一名教练型管理者，您与自己的下属处于平等的地位。因此，这是两个成年人之间的对话，而不是"家长对孩子"的训导。

> 这是两个成年人之间的对话，而不是"家长对孩子"的训导。

9.4.9 原则9：帮助他们决定前进的方向

为了保持"成人之间"进行的平等对话，最好通过协作来商定下一步行动计划，而不是作为管理者单方面给出指示。帮助他人做出决定，这样做可以使其更积极地参与其中，并找到他们认为可行的方法。虽然可以针对他们的决定发表意见，但须谨慎行事。有时，与其否定他们的计划而推行您的想法，不如让他们继续执行他们那个可能有缺陷的计划。毕竟，随着时间的推移，他们会自行完善方案，因此您不需要一开始就找到完美的解决方案。凭借您的经验，您知道何时该直面挑战，何时该放手。

继续以前面的场景为例，看管理者如何在面对挑战和放手之间取得一个适当的平衡。

> 管理者：那么，稍微思考一下，您觉得您有哪些选择？
>
> 塔尼娅：嗯，我想我可以保持沉默，这样就不会有人说我不让别人发言了！
>
> 管理者：嗯，这确实是一个选择，但我真的很看重您的意见。长期来看，这可能不太理想。您还有其他想法吗？
>
> 塔尼娅：嗯，我不知道……我想我需要更关注别的人。我的意思是，我会尝试敏感一些，留意想说话的人，就这些。
>
> 管理者：好的，那么您希望看到什么效果呢？

塔尼娅：我想我需要学会更快速地结束自己的发言，或者更快地切入正题。我不确定，还需要好好想想。

管理者：我觉得您的方向是对的，是吧？您会考虑的，对吧？我暂时没有其他想法了。

管理者在对话中又一次采取了轻松的方式。他们不需要规定一系列具体的行动，比如与他人交谈、写邮件等。管理者明白，这首先是一个自我意识的问题，需要一些时间来反思。他也相信塔尼娅对这个话题感兴趣，并且愿意做出改变。管理者将塔尼娅视为成熟的成年人，相信她会在后续处理这个问题。他也知道，如果她的行为没有改变，他们可以再次讨论，并且可以更坚定地进行对话。

此后，管理者以一种表明继续支持和承诺的方式结束对话。

管理者：塔尼娅，您觉得您现在需要我提供哪些支持？

塔尼娅：［停顿］现在好像不需要，也许以后会需要，但现在没有。

管理者：好的，那就好。那我们今天就到这里吧。

管理者提供了一些初步的反馈，并让塔尼娅有时间反思和采取行动，同时为未来的讨论留下了余地。如果管理者发现问题仍然存在，可以简单地重新启动对话。相反，如果管理者看到改进，他们将以真诚的方式认可这些进步。通过认可进步，塔尼娅可以把原本觉得有些不舒服的对话视为对她非常有价值的交流。

重点回顾

有建设性的反馈

有建设性的、支持性的反馈能够帮助我们学习、成长并取得成功。大多数人愿意定期接受这样的反馈。因此，提供有益且激励性的反馈是每位高效管理者必须具备的核心能力。为此，您需要以平衡、自然的方式提供反馈信息，使人们能够欣然接受并积极参与。如果您希望成为一名教练型管理者并致力于推动他人发展和学习，那么定期提供有建设性的反馈就显得尤为重要。

第 III 部分

应用（合）

在 本书的第Ⅲ部分，将探讨教练技术在工作场景中的不同用法。

我要讨论如何计划进行教练对话，以及如何以教练方法对日常问题和场景做出自然的回应。为了帮助您将教练原则与实际行为联系起来，本书提供了沟通结构和示例对话。

不必从头到尾阅读这部分内容，您可以根据自己的需要有选择地阅读。我将介绍 4 种可能进行教练对话过程的不同场景，并展示在每种场景下如何运用教练技术。前面讨论的所有基本教练原则保持不变，只是对话的目标可能略有不同。在决定阅读哪些内容之前，请先了解适用于各个场景的类型。这样，便可以从自己最关注的内容开始，需要时再阅读其他场景。这有点像菜谱书，可以翻阅自己最感兴趣的内容或者适合当前需求的内容。当然，也可以在未来回顾书中的某个场景并将其作为特定情况下的使用指南。

以下是各个场景的摘要。首先，让我来解释一下教练对话在工作场景中是如何发生的。

何时何地可以开展教练工作

教练原则虽然适用于各种场景，但是，强调这些场景之间的差异也是非常有用的，因为不同场景可能需要略有不同的对话结构来支持。这里所说的"结构"，指的是构建对话过程中各个活动的顺序。例如，如果您定期与下属进行一对一的进度碰头会，我将为您提供一个简单的结构"教练路径"来帮助您引导对话过程。然而，如果您在繁忙的工作环境中需要更及时地进行教练活动，您的方法将有所不同。因此，对于这种可能不超过 60 秒甚至更短的教练式对话，我还要提供一个简化的结构，我称之为"响应式教练方式"。

计划内或计划外，一个有用的区别

我将使用"计划内"和"计划外"这两个术语来区分两种不同类型的教练对话：一种在既定行为计划范围内，另一种则在计划之外。例如，假设我们坐在办公桌前，忙着查看电子邮件和查看报告等，此时有人向我们提出问题并由此转入教练对话，这就是一种计划外的教练活动。

相反，如果我们离开办公桌前往会议室，参加预定好的进度碰头会，这就是计划内的教练对话。这两个术语并非绝对，因为某些活动虽然看似是一种方式，实际上却可能属于另外一种。例如，如果有人突然找您，并提出了一个相对正式的场景预设，比如"有件事我想征求您的意见"，这是一个优先级较高的问题，他们可能会问："您现在有时间交流一下吗？"在这种情况下，您可能决定使用更正式的教练路径结构（尽管这是一次计划外的教练对话）。目前，在使用"计划内"和"计划外"这两个术语时，假定两者的区别在于：一种是您预期要进行教练活动的场景，另一种则是您对快速提出的问题或意外对话的本能反应。

教练之旅的起点

现在，只需要决定在哪些场景中开始运用教练原则和行为。利用以下描述来选择您最想尝试的教练场景，选择您最想尝试的教练方式。

第 10 章：计划内对话：员工的话题或议程

这一章介绍员工事先安排好的会议场景。您希望员工来"主导"整个会议，负责设定目标和预期的产出。理想情况下，员工在与您沟通之前就做好准备且明确自己想要达成什么目标。如果他们没有准备好，您就需要在会议的前几分钟帮助他们明确他们希望从此次会议中获得什么。这种场景让您更接近于纯粹的"教练"角色。作为管理者，您一开始就要鼓励员工勇于担责。我将使用"教练路径"来指导您进行这样的教练对话。

第 11 章：计划内对话：管理者的话题或议程

如果您想学习如何以教练方式给出有建设性的反馈，那么这一章的场景就非常适合您。本章将示范一个关于员工绩效的教练对话，您要在对话中提供有建设性的反馈（包括一些更具挑战性的信息或需要改进的领域）。作为管理者，这是您与员工的会议，由您来主导议程。也就是说，您清楚自己希望取得怎样的会议成果，并希望在会议中运用教练式管理风格。为了支持这个过程，我们继续使用教练路径作为理论框架。

在这个例子中，管理者将启动教练对话，并明确自己希望达成的目标，例如提出问题或鼓励员工做出改变。管理者的挑战在于如何在保持弱指导型教练风格的同时引导对话。为了营造协作型的对话过程（而不是单方面的训导），您需要鼓励员工尽早参与对话。

第 12 章：计划内对话：员工和管理者都有话题

本章的案例场景是与员工开会，员工有自己的沟通目标，而您也有自己的目标。作为管理者，您的议程可能涉及自己感兴趣的领域或工作重点（而不是传达干货信息或有建设性的反馈）。例如，"我希望了解会议安排的最新进展。"通过融合前两章的原则，我们可以在两者之间灵活切换。本章继续使用教练路径作为支持结构。

第 13 章：计划外对话：响应式教练

这一章展示繁忙的工作环境中教练如何成为管理者自发的一种行为反应。面对快速提出的问题、难题甚至抱怨投诉，管理者可以选择使用教练技术，而不是越俎代庖，直接动手解决问题。使用响应式教练模型，教练过程将变得简单易行。如果您正在管理一个忙碌的团队，经常有人向您提问题或者经常有人指望着您解决问题，那么这样的场景就非常适合您！

第 10 章

计划内对话：
员工的话题或议程

设想一下，团队中有一名员工希望与您进行一次谈话，而且他们希望在工作之外进行这次交流。可能是因为他们遇到了一些问题，或者对某种情况感到困惑而希望与您共同探讨。这可能是一些看似微不足道的小事（比如对截止日期有些担忧）或者是一些更重大的事情（比如信心危机）。这次谈话可能很简短，比如 20 分钟，也可能一个小时甚至更长时间。因此，这次对话是您预期的，因为它是事先安排好的。

10.1 教练路径

对于所有已经计划好的场景，我们将使用一个基本结构，即教练路径，如图 10.1 所示。

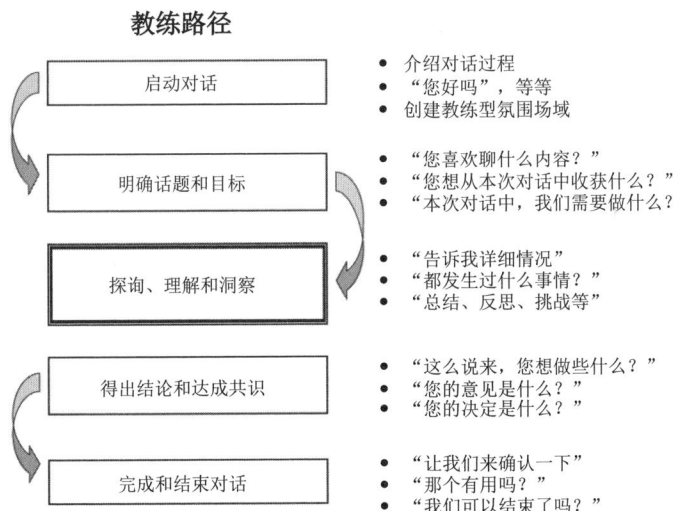

图 10.1 教练路径

虽然教练路径包含 5 个阶段，但第一个和最后一个阶段您可能已经非常熟悉。这些阶段主要出现在对话的开始部分和结束部分。我们将简要介绍这些阶段，以确保您对如何开始和结束对话感到满意。要想区分某次对话是不是教练对话，关键在于教练路径的中间三个阶段。接下来会对这几个阶段进行更深入的探讨。现在，让我们通过教练路径来帮助您进行有计划的教练式对话。

10.2 第 1 阶段：启动对话

这个阶段的目的是营造一个合适的对话氛围，例如："我们这里的目的是讨论与工作相关的话题。"请记住，这是一次平等的对话，而不是"家长与孩子"或"上级与下级"的训导。因此，思考如何以"成人对成人"的姿态和语气进行沟通至关重要。不要忘记建立融洽关系和营造温暖氛围的重要性。您的目标是创造一个既轻松又专业的对话环境，让对方感到舒适并能够畅所欲言。与此同时，您需要保持一个清晰的意识：这个话题对高效推进工作至关重要。因此，您需要展现领导力，但也不要控场过度。您的同事相信您能够驾驭对话的各个阶段，也就是说，您必须展现出自己的专业能力。随着对话的深入，这一点将变得更加清晰。

教练路径

```
┌─────────────────────────────┐
│          启动对话            │
└─────────────────────────────┘
┌─────────────────────────────┐
│        明确话题和目标        │
└─────────────────────────────┘
┌─────────────────────────────┐
│      探询、理解和洞察        │
└─────────────────────────────┘
┌─────────────────────────────┐
│      得出结论和达成共识      │
└─────────────────────────────┘
┌─────────────────────────────┐
│        完成和结束对话        │
└─────────────────────────────┘
```

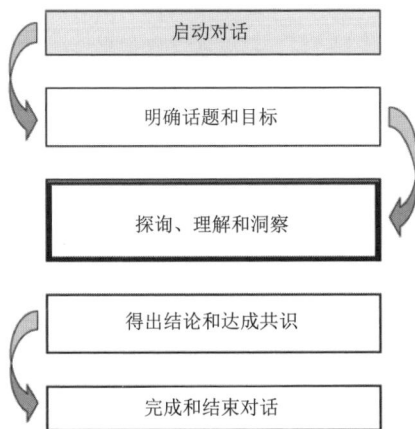

因此，这个阶段的目标如下：

- 建立适度的融洽关系，鼓励自然展开对话，让对方感到放松；

- 为对话营造好的氛围，例如，态度要专业、热情；

- 赢得对方的信任，让他们觉得在您面前有安全感。

以下是一个计划内的教练对话示例，对话双方是塔莎和她的管理者。我们将通过这段对话来说明本章中教练路径的各个阶段，要求您化身为这段对话中的管理者。

管理者：嗨，塔莎，您好吗？最近怎么样？

塔　莎：哦，很好，谢谢。我觉得自己适应得还不错。

管理者：您喜欢新的办公室布局吗？我看到您坐在靠窗的工位上。

塔　莎：是的，我很喜欢。这个位置不错。

管理者：是啊，我觉得大家坐在同一个区域挺好的。来，我们有大约 30 分钟的时间聊聊，您觉得呢？

塔　莎：好的，可能用不了那么久，但我还是提前预留了时间，以防万一。

管理者：很好。那我们开始？

正如您所看到的，管理者首先以得体的方式问候团队成员，等对话氛围变得轻松自然之后，才将话题转向手头的任务。在本章的所有示例中，我将尽量精简对话内容，只保留关键部分。在现实生活中，对话可能包含更多的寒暄或泛泛的聊天，但在这里，我们专注于核心内容，只突出重点。

10.3 第 2 阶段：明确话题和目标

这个阶段为对话赋予方向感和目的性。作为教练，您需要清楚对话前进的方向。请记住，我们正在进行教练对话，同事／下属有自己的对话目标。因此，作为管理者，需要从同事的表述中明确本次对话的目标。这个阶段的目标如下：

- 鼓励同事，让他们明确说明他们希望从本次会议中获得什么，通过这种方式，他们可以更好地"主导"对话；

- 充分明确会议的目的和主题，以便您能推动对话朝着有效的结果发展；

- 为有效对话创造条件，例如，明确何时我们是在正轨上以及何时我们偏离了主题；

- 营造一种"成功是可能的"或"以解决方案为导向"的氛围，即我们在这里的目的是找到解决问题的方法，这就是我们的目标；

- 为对话设定一个"终点"，即明确我们何时达成目标。

在这个阶段，您要向同事提出要讨论的话题以及期望达成的对话目标。如果他们准备充分且目标明确，对您来说对话或许很容易。然而，如果情况并非如此，就需要在开始有效的讨论之前，帮助他们明确讨论的方向和目的。值得注意的是，您需要在这个阶段保持一个重要的平衡：他们可能急于开始讨论自己关心的话题，而您需要高效推进，同时又不至于使其感到沮丧。在这个阶段，您应该是他们的"引导之星"，而不是详细描述会议议程的那个人。

以下这段对话展示了教练路径的各个阶段，从一个非常模糊的目标到一个清晰到足以指导您向前推进的目标。

> 管理者：这么说来，您想谈些什么呢？
>
> 塔　莎：嗯，我们团队以及招聘的事。说实话，这开始
> 成为一个真正令人担忧的问题了。

现在，虽然我们更明确地了解了对话的主题，但仍然缺乏一个明确的目标来指导后续的进程。通过观察塔莎的表现，例如她是冷静、慌张还是沮丧等，您可能决定进入下一个阶段（询问和了解），让她继续发言。然而，您的风险是，对话可能演变成单纯的"吐槽"，塔莎只是向您描述情况，并希望您能以某种方式为她解决问题。因此，让我们接受这个挑战，冒点风险。

> 管理者：好的，如此说来，这就是我们需要解决的问题。
> 考虑一下接下来的 30 分钟，您希望从这次对话
> 中得到什么结果？
>
> 塔　莎：嗯，我想告诉您发生了什么事，也许还能得到
> 一些想法，看看我还能做些什么。

请注意，对话及其连带的责任仍然牢牢掌握在塔莎手中。管理者正在努力保持融洽的关系并为她提供支持，表明"这是我们需要解决的问题"，同时仍然鼓励塔莎在对话中发挥主导作用。对一些管理者来说，这可能是一项挑战，因为他们可能认为自己不参与其中就无法发挥作用。然而，从长远来看，让塔莎学着自己解决问题，对她更有帮助，也能让她更有信心。作为管理者，如果觉得有必要介入并为她提供帮助，您随时可以采取行动。

但要记住，当您以拯救者心态对待他人时，可能也在无形中使对方成为受害者。一旦陷入受害者的角色，人们就会感到无力和被动，仿佛事情都发生在他们身上而无法控制。一个更为积极有力的态度是，承认我们是自己个人经历的主导者，并有能力改变那些经历。作为管理者，您应该鼓励他人采用这样更强有力的态度，让他们相信自己能够改变个人的处境（而无须被拯救）。

> 当您在拯救他人时，可能也在无形中使对方成为受害者。

现在让我们回到塔莎的对话场景。既然他们已经明确了对话的话题和目标，则可以进入下一个阶段：探询、理解和洞察。

事前做好充分的准备

定期与下属进行的一对一会议更适合采用教练方式，即会议的收获在很大程度上取决于下属个人的想法。例如，他们可以提前准备一个明确的目标或议题。您可以要求他们带着想要讨论的主题和目标来参加会议，或者在会议之前给您发一份议程。这样能够更好地鼓励他们主动采取行动。一旦带着准备好的话题参加讨论，他们也会以更成熟的姿态开始，例如"这就是我希望从这次交流中获得的结果"，而不是"哦，我以为我们只是随便聊聊，看看会有什么结果"。

10.4 第3阶段：探询、理解和洞察

教练路径

| 启动对话 |
| 明确话题和目标 |
| 探询、理解和洞察 |
| 得出结论和达成共识 |
| 完成和结束对话 |

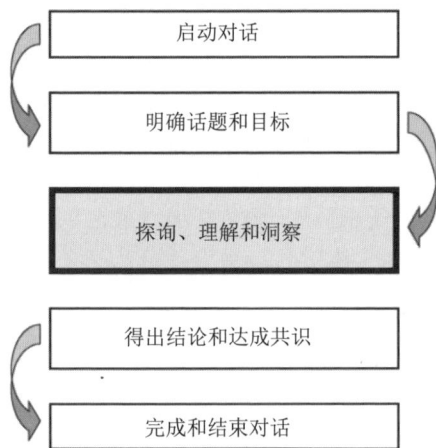

这个阶段可能是教练路径中最重要的部分，因为它是教练核心技能得以充分发挥作用的环节。这也是教练对话的精髓。有效倾听、有效提问以及观察或鼓励，能够促使对方表达自己的想法，得出自己的结论，并做出决定。简单的探询过程以及被倾听的体验，实际上具有疗愈作用，因为人们有了一个可以倾诉的空间。在吐露困惑或沮丧等情绪之后，人们往往感觉会更好。

这个阶段的主要目标如下：

- 达成共识，对现状、存在的问题或面临的挑战形成共同的理解，例如，问题是什么？问题产生的原因是什么？问题的重要性如何？

- 提升自我意识，针对当前讨论的情景，帮助对方增强自我认知，例如，他们可能对现状产生了哪些影响？

- 促进客观反思，引导对方从当前的情绪状态（例如困惑或沮丧）中抽离出来，进行客观反思，并转向更公正、更平衡的视角；

- 形成清晰的见解，帮助他们通过更清晰的思考来形成结论、认识或见解；

- 聚焦解决方案，将对话的焦点更多放在寻求解决方案上，例如，什么情况会比现状更好或者您希望这种情况如何改变？

要点速览

教练的出发点是理解问题而不是解决问题

作为管理者，在进行教练式对话时，提问的意图是创造一个相互理解的场域，而不是去修复、解决问题或直接指导他人。虽然仅仅为理解而提问看起来可能有些漫无目的，但实际上，这正是教练方法的独特之处。我们发现，在要求人们描述自己面临的问题或挑战时，他们通常能够更清晰、更理性地思考。在表达的过程中，他们会根据问题本身以及自己与问题之间的关系，形成新的认识。否则，这种清晰的洞察力可能会被埋没，就好像您在帮助他们整理思路一样，从一个更明确的角度，让他们更清楚地理解自己的处境。有时，只要排除心中的杂念，便能清楚地听到来自内心的声音。

在管理者与塔莎的对话中，询问过程可能如下展开。为了便于阅读，对话做了简化处理。

管理者：好的，您能告诉我更多相关信息吗？

塔　莎：好的，是这样的。我们 4 个星期前就向人力资源部提交了 2 个招聘申请，但他们说他们在忙年终薪酬审查。到目前为止，他们还没有开始第一轮面试。这太荒谬了。

管理者：了解，这种情况对您和团队有什么影响？

塔　莎：嗯，目前情况还不太糟，玛格丽特会留到月底，一旦她离职，我们真的就有压力了。

管理者：好。玛格丽特离开后，您们会有哪些压力呢？

塔　莎：嗯，我们需要想办法处理她的工作，并找到一种方法来接管从营销部门传来的新产品报告工作。

> 管理者：我明白了，我知道了您为什么想现在解决这个
> 问题，因为您是在避免它成为一个真正的问题。

> 塔　莎：没错。如果我们不尽快采取措施，真的会一团糟的。

正如您所看到的，管理者正在温和地了解情况，弄清楚并帮助塔莎关注关键事实。这位管理者还表达了同理心（"我能理解您为什么想现在解决这个问题"），以确认她的担忧。让我们继续。

> 管理者：那么，针对这个问题，您已经做了些什么呢？

> 塔　莎：嗯，我一直在催人力资源部，因为他们似乎掌握着所有的资源。我昨天跟他们谈过，他们还没有开始安排第一轮面试。

> 管理者：第一轮面试？

> 塔　莎：是的，他们喜欢在转给我们之前先对候选人进行第一轮筛选。一旦见过候选人，就会把他们转给我们。

> 管理者：那他们现在进行到哪个阶段了？

> 塔　莎：嗯，显然，他们认为我们至少对三个候选人感兴趣，但他们还没有安排面试。

此时，您可能已经启动了解决问题的技能，认为已经发现了一个解决方案—— 去掉人力资源部这个阻碍因素，让塔莎先面试候选人。但请记住，您相信塔莎有能力按自己的方式向前推进。因此，在您急于下结论之前，还需要了解更多的信息。

> 管理者：好的，让我来总结一下您的意思：我们需要迅速招聘更多的人，以应对玛格丽特本月底的离职，同时让新人来承担市场部的额外工作。

> 塔　莎：对。

> 管理者：人力资源部有一些候选人，但他们想先筛选，而且他们还没有安排面试。

> 塔　莎：是的，如果您在想为什么不让我们先跟候选人谈谈，那就先了解一下，是因为他们还没参加智商测试。如果候选人通过了智商测试，就会按要求签署一份数据保护协议。在签署这份协议之前，人力资源部不会让他们和我们交谈。

注意管理者是如何在继续深入询问之前用温和且有成效的总结来回应的。我们现在有了更完整且有用的信息。如果管理者早些时候就采取"解决"问题的本能回应，他们的"简单解决方案"（将人力资源部排除在外）可能会被认为是不切实际的建议而被拒绝。请记住，塔莎找到自己的解决方案对她来说最有益。接下来，让我们继续。

> 管理者：那么，您认为该怎么办呢？

> 塔　莎：嗯，我们可以坚持先于人力资源部门见一见候选人，并让他们亲自签署数据保护协议，但这仍然不能让我们及时招到人。因为即使我们对面试的候选人感到满意，获取推荐信和对他们进行背调仍然需要大约一个月，甚至更长的时间。

> 管理者：嗯，看来这个方法行不通。

> 塔　莎：是的，我们肯定无法在短期内解决问题。

> 管理者：好，那我再来澄清一下，您需要真正解决什么问题？

> 塔　莎：嗯，我想这是两个不同的问题，对吧？一个是玛格丽特离职，另一个是新增的工作量。我们可以在短时间内应对这两种情况中的一种，但不能同时搞定两种。比如，如果玛格丽特能再多待几周，我们还能应付，或者如果我们能推迟市场部带来的新工作量，我们就可以让她如期离职。

> 管理者：哦，您怎么看？

> 塔　莎：嗯，我在考虑这两种情况，看看哪种可能性更大。

正如您所看到的，对话的走向已经悄然发生变化，现在塔莎的思路更加清晰了。您还会注意到，对话已经从毫无希望的感觉（"真是一团糟"）转变为对潜在解决方案有了更多认识（"我需要看看有什么可能"）。

现在我们已经更清楚地了解了真正的问题以及塔莎的选择，这就完成了教练路径的探询阶段。

现在，让我们进入下一个阶段。

10.5 第 4 阶段：得出结论和达成共识

在这个阶段，我们希望整合对话内容，帮助塔莎梳理想法，进一步澄清前进的方向。在任何真实的教练对话中，合适的方式可能包括从商定一系列有时限的行动计划到一个更灵活的思考方案。作为教练，您鼓励的严谨程度和细节程度应取决于主题以及与您交流的人。例如，当您知道对方是一个成熟且言而有信的人时，如果他说："我要离开一会儿，去看看这些数据，我会再和您联系"，这可能就足够了。或者，如果对话的主题非常个人化（例如，"我适合做这份工作吗？"），那么同意"回去想想"可能就非常合适。但是，如果您正在讨论的事情与时间有关，或者需要明确的答案，那就可能需要具体的承诺，比如："我将在周五早上九点之前带上文件来回复您。"

教练路径

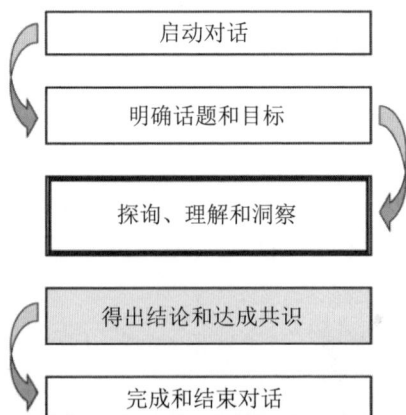

启动对话

明确话题和目标

探询、理解和洞察

得出结论和达成共识

完成和结束对话

在得出结论和达成共识的第 4 阶段，目标如下：

- 提供对个人观点的有用的总结，即他们的结论和想法；

- 帮助个人表达他们尚未说出口的任何有用的结论或想法；

- 帮助对方决定前进的方向，例如行动和后续步骤等；

- 挑战任何错误的观念或限制性思维方式；

- 创造一个更美好的未来（例如，"这对您有什么好处？"），以鼓励对方采取行动。

让我们继续管理者与塔莎的对话场景。

> 管理者：好的，让我们试着总结一下。这么说来，您的意思是，如果把这两个问题分开处理（玛格丽特离职和即将到来的市场营销工作），可能会简单一些。

> 塔　莎：是的，这两个问题，我们可以搞定一个，但不能同时搞定两个，至少暂时是这样。

> 管理者：对，您需要弄清楚暂时留住玛格丽特或者推迟接手新的工作分别有多大的可能性。

> 塔　莎：是的，这绝对值得研究。

> 管理者：是的，我认为确实如此。而且我还想知道，关于多招聘几个人员的长期方案，您有什么打算？

到目前为止，您会注意到，管理者很乐意支持塔莎寻找短期的解决方案，同时也想对长期可能出现的问题提出疑问。需要补充的是，由于管理者在对话中扮演了教练或引导者的角色，所以这种明显的问题实际上很容易发现。管理者不想尝试"找出答案"或有新的想法。接下来，让我们看看对话如何继续进行。

> 塔　莎：是的，我知道，我真的需要好好面对那些人，不是吗？

> 管理者：［笑］可能是的，您打算怎么办呢？

塔　莎：首先，我需要他们严格遵守一些最后期限。我确
　　　　实认为我们可以选择先见一见候选人，我们可以
　　　　填写数据保护协议，如果有必要，我们甚至可以
　　　　自己安排面试会议。

管理者：您觉得这样做会有什么不同？

塔　莎：至少，可以加快整个流程。如果我们成功了，
　　　　招聘周期可能缩短三到四周。

管理者：您认为人力资源部会有什么反应呢？

塔　莎：如果方式正确的话，我认为他们非常欢迎我这样做。

管理者：正确的方式？

塔　莎：[笑]是的，您知道的，让这种方式看起来像是我
　　　　们在他们非常忙碌的时候帮助他们减轻了负担！

管理者：[微笑]啊，我相信您会说服他们并和他们达
　　　　成共识。

再次强调，可以看到，管理者正在用一种"轻松的方式"帮助塔莎
规划她前进的方向。实际上，为了明确起见，管理者可能决定明确
三个行动方向（即玛格丽特、市场营销和人力资源部）或者提出进
一步的挑战或观察。但在这个例子中，我们假设管理者确信塔莎已
经找到自己前进的方向。我们已经准备好进入最后一个阶段：完成
和结束对话。

> **要点速览**
>
> **当您向某人寻求解决方案或想法时，对方却"卡壳"了，怎么办？**
>
> 首先，保持冷静、放松和专注，通过深呼吸来保持平静和专注。对
> 于明显卡壳的人，您的最佳回应方式取决于导致他们"卡壳"的原因。
> 可能有以下几个原因。
>
> - 他们需要时间反思，所以平心静气的等待可能对此有帮助。
>
> - 他们需要更具体的问题，所以您可以这样问："您有哪些选择？"
>   或"您现在有什么想法？"
>
> - 他们感到困惑或不知所措，所以您可以为此提供简短的总结，
>   让他们休息一会儿。在极端情况下，可以让他们暂停甚至重新
>   安排时间。

- 您还没有掌握足够的信息，可以刨根问底，例如，"好的，我听到您说长时间的工作加上出差是真正的问题。您能说说细节吗？"

- 他们不相信有解决方案，您可以为此使用提问的方式来探索可能性，例如，"您说过您想解决这个问题，对您来说，'解决'指的是什么呢？"

- 有时，您知道他们不太可能想到任何事情，所以，在说出您的想法之前，仍然可以选择等待。

- 做一个温和的观察者，不要太强势。您可以这样说："您说这不在您的控制范围内，而且您的老板很少在身边，我想知道这两者有什么关联？"

- 承认这种情况，您可以这样说："好的，我可能把我俩带到了一个死胡同，我们暂停一会儿？好吗？接下来您想做什么？"

总之，保持放松、随和和灵活。紧张和沮丧，可能会使教练陷入困境，冷静、足智多谋，则可以使教练取得进展。相信自己，也要相信这样的教练过程！

10.6 第 5 阶段：完成和结束对话

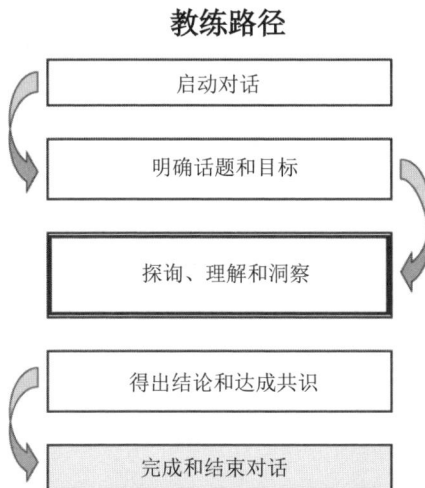

教练路径

启动对话

明确话题和目标

探询、理解和洞察

得出结论和达成共识

完成和结束对话

就像启动对话阶段一样，您对这个阶段也做好了准备，因为它只是对讨论进行专业的总结。在这个阶段，将营造一个完成和继续的氛围。如果对话有几个初始目标，您可能需要回顾这些目标，以确保所有内容都已涵盖。这个阶段的主要目标如下：

- 确认对话已经完成，对方也愿意结束；

- 表明已经取得了进展；

- 就当前的情况达成明确的共识；

- 让对方在继续前行时感受到您的支持；

- 以自然的方式结束对话。

我们即将完成这次教练对话！让我们来看看这样的教练对话是如何自然结束的。

> 管理者：好的，所以您接下来要探索短期选择，并调整人力资源的跟进工作。
>
> 塔　莎：明白了。
>
> 管理者：很好，我认为这是一个非常稳妥的前进方向。好的，让我确认一下，您需要我的支持吗？
>
> 塔　莎：不，我觉得不需要。如果我遇到任何问题，都会问您的。
>
> 管理者：太好了。那么这次对话对您有帮助吗？
>
> 塔　莎：是的，当然有帮助。我认为我只需要把事情想清楚。
>
> 管理者：很好。我很期待看到您的进展。
>
> 塔　莎：（笑）哦，别担心，我会告诉您的。无论如何，谢谢您的支持，这真的很有帮助。
>
> 管理者：哦，没问题。看，我们甚至没有用完预定的整个时间段！希望很快见到您。

在这里，管理者巧妙地以热情和支持的方式结束了对话。我希望您想象自己也能做类似的事情。在任何时候，管理者都不必急于给出指示，因为他们已经了解了对方的想法和观点。当然，这个场景的便利之处在于，塔莎在大部分谈话中都表现得非常聪明和成熟。在这里，我想向您展示的是基本的教练路径，而不是特例。关于如何应对教练过程中更棘手的情况，请参阅下面的指导。

- "如果您能改变现实场景中的一件事，会是什么呢？"

其他简单的教练问题，示例，请参阅第 7 章。

(c) 回归：停止尝试教练方式，回到日常的风格。之后，反思哪些有效，哪些无效。决定下次要做哪些不同的事情。记住，一切都是进步，您现在只需要学习如何增强灵活性以及如何掌握更多技巧。

3. 如果有人很难相处或不太开放

在这种情况下，对方给您的回答可能过于简短或者似乎不愿意对问题进行深入交流。可以选择以下方法。

(a) 保持冷静并继续：表现得他们好像并不难以相处（有时他们可能会放松并放弃抵抗）。参见"选项 1- 如果有人困惑或不自信时"，了解具体细节。

(b) 指出行为：温和地观察自己的行为以及对方的反应。例如，[柔和的语气]"好的，这么说来，我要做的是理解您的想法，因为我猜您对此有一些有价值的观点。但从您的回答来看，您似乎觉得这么做不好。您觉得我的观察客观吗？"根据他们的回答，您可以决定继续探询以理解他们的反应（支持他们放松并更自由地交谈）或者转到下面的选项（c）。

(c) 决定放下，现在暂不处理：切换回强指导型管理风格和方法（如前面的选项 2（c）- 回归）。记住，不必一直保持强指导型风格，可以在任何时候灵活地回到弱指导型风格。例如，在对话后期进行观察和总结可能更有用。参见第 8 章，从中获得更多想法。

🌰 重点回顾

员工的话题或议程

在与同事进行计划内的教练对话时，例如日常的跟进会议或一对一的更新汇报，教练路径的结构展现出高度的适用性。其三个关键阶段——明确主题和目标、探询（创造理解和洞察力）以及行动决策和达成共识——带来了诸多益处。例如，该结构自然地将焦点放在教练对象的想法上，从而帮助作为管理者的您更好地保持教练这个角色定位。由于目标和预期结果在对话初期就已明确并在探询阶段鼓励双方达成相互理解，因此更容易产生高效的工作对话。一旦我们致力于共同创造一种建设性的、以解决方案为导向的结果（例如通过共同明确并一致认可的前进路径），就更有可能发生这种高效对话。

第 11 章

计划内对话：管理者的话题或议程

在 接下来的案例场景中，将继续运用教练路径这个对话结构（与第 10 章相同）来指导我们。让我们设想一下，您希望和下属谈谈他工作中的某个方面。您可能对某件事情感到担忧，因而想要深入了解实情。您也许听说了一些负面的情况，或者刚刚对某个情况失去了掌控。于是，您安排了一次会面，要进行一次计划内的教练对话。教练路径的这个对话结构对您肯定有帮助。然而，在这一章中，我们将更具挑战性。我们将假设某人的行为有问题，而您已经决定和他进行一次教练对话。下面的例子将展示如何以一种不那么强指导而更倾向于教练风格的方式给出负面的反馈。

11.1 "创世纪"项目：场景设置

您是"创世纪"项目的项目经理。该项目的目标是帮助整个组织更高效地进行沟通。项目团队成员来自公司的不同部门，包括销售、市场营销和财务。您的职责是确保团队专注于项目的目标和计划，并支持他们完成交付。

昨天，您参加了一个团队会议，成员们聚在一起汇报进度和讨论问题。然而，您惊讶地发现，有些人似乎彼此不对付，这严重影响了会议的氛围。还有两个人似乎不再参与讨论，一言不发，只是安静地坐着。特别是尼科，他的态度和行为似乎没有提供什么帮助。有时，他对其他团队成员的态度显得粗鲁，甚至带有敌意，他的一些言论也显得情绪化，比如"荒谬！"您决定给尼科提供一些反馈，把您观察到的事实告诉他，这可能对他有帮助。

这次对话的目标如下：

• 描述您的观察，比如尼科的行为反应及其产生的影响；

• 深入了解正在发生的事情，探索背后的原因；

• 商定改善现状的方法，例如，影响尼科未来的行为，使其更具建设性，推动项目向前发展。

让我们再次回顾本次对话的结构图：教练路径（图 11.1）。

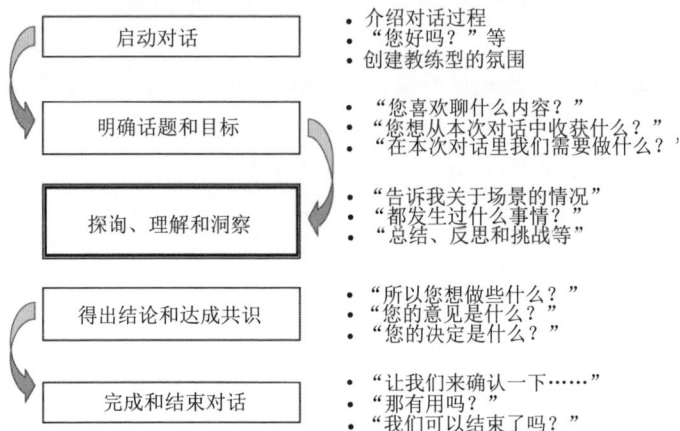

教练路径

- 介绍对话过程
- "您好吗？"等
- 创建教练型的氛围

启动对话

- "您喜欢聊什么内容？"
- "您想从本次对话中收获什么？"
- "在本次对话里我们需要做什么？"

明确话题和目标

- "告诉我关于场景的情况"
- "都发生过什么事情？"
- "总结、反思和挑战等"

探询、理解和洞察

- "所以您想做些什么？"
- "您的意见是什么？"
- "您的决定是什么？"

得出结论和达成共识

- "让我们来确认一下……"
- "那有用吗？"
- "我们可以结束了吗？"

完成和结束对话

图 11.1 教练路径

大部分对话的流程与之前的相似，但有以下差异：

- 话题和目标由管理者提出，即讨论昨天的会议及其对行为观察结果；

- 管理者准备持续提供观点或反馈；

- 管理者可能有一些具体的要求，这对"得出结论和达成共识"阶段有帮助。

11.2 实际准备

作为管理者，您面对的可能是一次较为艰难的对话，因此充分准备信息和行为示例至关重要。其他准备工作还包括确保您使用的方法与您设定的意图相匹配。例如，保持开放和支持的态度（而不是批评或评判）。关于个人准备，更完整的清单请参阅第 9 章。

11.3 第 1 阶段：启动对话

教练路径

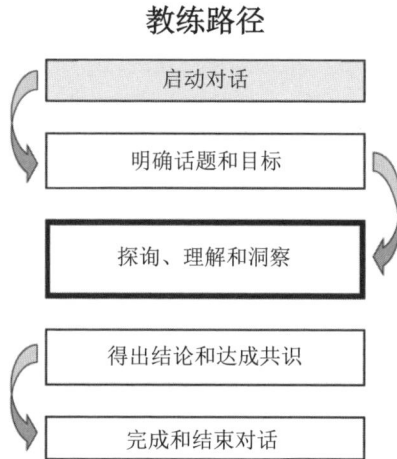

再次建立初步的融洽关系，为会议确定一个基调。此时也是您作为管理者在对话环节中营造出轻松的领导氛围——表明信心："我可以引导我们完成这次对话（我知道我在做什么）"。在新的场景中，让我们看看对话是怎样进行的。

> 管理者：嗨，尼科，感谢您在这么短的时间内赶过来。您的时间没问题吧？
>
> 尼　科：还好，差不多。一小时后我还有一个会议，但那个会议不由我来主持。
>
> 管理者：嗯，我希望不会让您迟到。一个小时看起来足够了，让我们看看怎么开始，好吗？
>
> 尼　科：好的，没问题，开始吧。

请注意管理者如何以尊重的方式表达自己对尼科的支持："我希望不会让您迟到。"尼科可能意识到有些不对劲，并可能下意识地为此做准备："好的，没问题，开始吧。"当您心平气和地回应某人最初的防御或紧张情绪时，能够有效地鼓励他们放松下来，紧张的情绪由此而得以缓解或消失。管理者保持轻松的语气，这对尼科可能表现出来的任何紧张情绪不做反应，会产生以下积极的后果：

- 管理者能够保持清晰的思路；

- 避免表现出评判或优越的态度，记住，我们想要的是"成人对成人"的对话，而不是"家长对孩子"的训导；

- 当尼科意识到自己要受到批评时，容易进入防备状态。

如果管理者表现出恼怒，那么具有讽刺意味的是，这种情绪恰恰反映了引发这次对话的行为本身——冷淡的举止和隐含的敌意。如果我们希望鼓励别的人成熟，那么必须先从自己做起。看看管理者如何对尼科保持客观的看法和支持的语气。为了确认之前的想法，我们的观点和判断会影响我们对某人的看法以及对他们的行为反应。犹如智者疑邻，一旦我们认为某人是"错的"，例如他们的行为，我们通常会以微妙或公开的方式将它传达出来。这会削弱融洽的关系，进而降低信任、开放和相互支持的感觉。一旦这些关系特征减少，我们施加积极影响的能力也会随之降低。因此，即使只是想让自己对情况有一个全面的了解，也应该尽量保持客观。

悬停与反思

个人情绪测试

使用以下方法来考虑您的判断如何影响您与某人保持放松和客观的能力。

想象工作中某个人做了您很不喜欢的事情。也许他们对您或其他人的某种行为让您难以处理。或许他们的行为在您看来不公正、不合理甚至让人讨厌。如果可能，请用一个典型的、特征突出的、让您感到不适的例子。现在向自己提出以下问题：

问 对于这个人，您的感觉如何影响着您的行为和态度？

问 您和他们有什么不同？例如，您对他们有什么想法？这如何影响您的言行甚至您说话的方式？

问 如果您必须就这个问题给对方提供反馈——例如，他们做的什么事让您有这样的感受——您能做到多么放松和客观？

现在考虑一下，为了保持客观和放松，您需要放下哪些想法或感受。例如，试着"放下"这种情况下的正义感——也就是那种觉得"自己都对，错在别人"的想法。不管这看起来多么不合逻辑，试试看。也可以采取"我对这件事情一无所知"或"这件事比我所能理解的还要复杂"的中立立场。或者试试"好吧，我会暂时放下我的主观判断，只做这次练习"（您可以稍后再来）。从更中立、更客观的角度来看：

(问) 如果您假设他们已经尽了最大的努力（因为我们大多数人都是这样），那么再考虑一下他们的行为。这将如何拓宽您的视野或认知？

(问) 假设您能足够包容这个人。如果您给他们提供反馈的主要目的是试图从他们的角度理解事情，那么谈话如何进行？

(问) 如果您要进行这种对话，可能会带来哪些好处？

(问) 您现在对这个人和这个情境有什么感受？

接下来继续教练路径的下一阶段。

11.4 第2阶段：明确话题和目标

在这个阶段，教练路径会发生一些变化，与上一个场景略有不同。现在，管理者只需要清晰、客观地给出话题。例如：

管理者：所以，我想谈谈昨天的会议。我认为它并没有像我所希望的那样顺利，我想和您聊聊这件事。

尼　科：好的……

管理者：我注意到您在会议上似乎不太活跃，我认为这可能影响到了会议的气氛。

尼　科：我不确定您指的是什么。我的意思是，有几次他们说的话让我很上火，但他们后来说的有些话简直就是垃圾。

管理者开始表达一个较为细致的观察"您似乎不太活跃"而不是一个过于具体的观察，比如"我注意到您在会议上至少有4次对索菲亚很粗鲁。"这是因为管理者在给出具体细节之前，稍微控制了一下对话的节奏，让尼科先了解接下来要讨论的话题。管理者已经准备好了一些具体细节（行为观察），并将在需要时提供。尼科已经在为自己的辩护做准备了，例如，批评其他人，但这是一种防御性反应。作为管理者，不会参与这种辩护。

一旦有了话题,就不要试图再以这个角色来"教练"他们!

在一段对话中,如果您清楚自己想要讨论的话题,那么试图从对方那里获得自己想要讨论的话题就没有意义。这是管理者学习教练技术时一个常见的陷阱,通常会让他们走入死胡同。我们可能想要避免指手画脚,却忘了一件事情,那就是管理者是发起话题的人,是设定对话目标的人,所以也是可以直接指导的。因此,我们不愿意陈述或解释话题,也不愿意给出客观的反馈,而是采用弱指导型教练风格,可能像下面这样:

> 管理者:如此说来,我想知道,关于昨天的会议,您觉得怎么样?
>
> 尼　科:我觉得会议进行得很顺利。
>
> 管理者:您认为会议的气氛怎么样?
>
> 尼　科:我不确定。我还没有真正考虑过这个问题。

显然,管理者希望尼科能够引出话题,甚至可能"承认"有问题。这是一个有缺陷的策略,只适用于极少数情况。管理者应该等到下一个阶段(探询、理解和洞察)再采用弱指导型教练方式。

管理者在接下来的对话中如此表达:

> 管理者:好的,我能详细说说我的发现吗?
>
> 尼　科:当然,您说吧。
>
> 管理者:我注意到,当索菲亚和艾丽卡汇报情况时,您似乎有些沮丧,比如翻白眼和叹气,有一次您还告诉索菲亚和埃丽卡,说她们是在"胡说八道"。
>
> 尼　科:嗯,本来就是!我们都知道员工对又一轮海报宣传活动不感兴趣,因为他们已经厌烦了。
>
> 管理者:好吧……让我再说说之后我的观察。您看,索菲亚似乎不再参与对话,她也确实不再说话了,埃丽卡似乎也一样,我认为在那之后她甚至都没有和任何人交流眼神。
>
> 尼　科:嗯,这不就说明她俩有问题吗?

尽管尼科表现出要争论的迹象,但管理者仍然心平气和。管理者更关注他们在"明确主题和目标"这个阶段的目标,即:

- 提供讨论的话题（已完成）；

- 根据观察给出客观反馈（进行中）；

- 声明他们的对话目标（进行中，即暗示）。

如果管理者任何时候都允许自己被不太相关的评论"吸引"或分心，那么对话就可能偏离轨道并失去目标。让我们看看管理者接下来是如何继续对话的。

> 管理者：我想我能理解您为什么这么说，但对我来说，像是我们所有人的问题。尼科，在昨天的会议上，您看起来并不放松，也没有提出任何有建设性的反馈，这不像我以前见过的您。另外，昨天的会议总体上比较沉闷，我认为您对索菲亚和埃丽卡的回应可能影响到了会议的气氛。

> 尼　科：好吧。

> 管理者：所以，关于这件事，我想多了解一些，并和您讨论一下这个问题。如果可能的话，我也想找到办法来改善现状。

> 尼　科：好的，没问题。

管理者给出的信息直接、坦率和明确，是尼科不太可能反驳的。这主要归因于两个方面：一方面是之前的对话导致了这样的结果；另一方面是管理者在表达观点时，采用的是个人视角，例如使用"我认为"或"对我来说觉得像是"这样的措辞。管理者始终保持客观中立的态度，所以没有说出"您这样做真的很糟糕"或使用"粗鲁"或"傲慢"等表达情绪的话。值得注意的是，这里没有刻意引入"正面"的评价来平衡"负面"因素。如果这些积极因素是真的、相关的和适当的，那么可以留到后面用。但现在用不合适，因为它们可能混淆或削弱重要的信息。

这里不太容易说明的一点是，管理者必须以一种适当的方式控制对话的节奏，使尼科能够听到他所说的话，并能在逻辑上和情感上及时处理这些信息。例如，如果管理者在没有适当停顿的情况下匆匆给出上述观察结果，那么尼科可能一开始就会抵制对话的发展，因为他正在努力对自己刚刚听到的话做出反应。重要的是，管理者要随时注意尼科的情况，而不是匆忙给出一些事先准备好的陈述。

因此，现在管理者已将话题摆上台面，并宣布"了解更多并想办法改善现状"的目标。让我们继续沿着教练路径，一边前进一边运用所有教练工具。

11.5 第3阶段：探询、理解和洞察

本阶段与第10章中与塔莎的场景相呼应。作为管理者，您正在运用所有相关技能，包括建立融洽的关系、有效倾听、有效提问以及反馈和观察等。您希望从尼科的角度深入了解整个现状且明白如果他觉得您不是在评判他，将更有可能敞开心扉。因此，大部分时间，管理者将主要采用"探询"模式。让我们继续。

教练路径

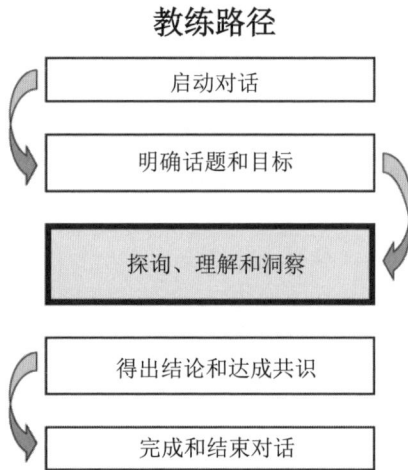

管理者：那么，请帮我理解一下，您怎么看待这个情况？

尼　科：嗯，这真是一团糟，不是吗？

管理者：您能详细说说吗？

尼　科：当然。我们试图让市场部参与一些有意义的沟通活动，比如高管问答时间，但他们只想张贴海报。

管理者：好的，还有其他问题吗？

尼　科：我觉得索菲亚和埃丽卡并不擅长处理这些事务。她们不想解决麻烦事，只想处理一些容易解决的问题。

管理者：那您觉得麻烦事具体指的是什么？

尼　科：比如，员工仍然需要更清楚地了解新的组织结构及其如何协调一致。把新的组织结构以海报方式贴墙上固然也可以，但员工需要更详细的解释。我们需要与他们进行对话，因为他们有很多疑问。

管理者：那么，您觉得我们应该怎么做呢？

尼　科：我们需要一系列协调一致的活动和任务。现在每个人都只是从自己部门的角度来看待问题。市场部知道自己想要什么，财务部有不同的议程，大家各自为政，无法对齐。

在这里，管理者正在收集事实，并没有对尼科的陈述进行评判，不论其好坏，只是让他充分表达。您会注意到，当尼科有空间"倾诉"并有机会释放自己沮丧的情绪时，他本人也会逐渐变得更加客观。管理者没有不对他的沮丧做出反应，这避免了火上浇油，使尼科沮丧的情绪逐渐减少。一旦尼科冷静下来，就能更客观地思考问题。如果我们仍然认为尼科需要表达个人感受来释放情绪，那么我们可以询问他关于这种沮丧情绪的感受、承认他的情绪或者帮助他处理情绪。接下来，我们来看一个相关的案例。

管理者：我能问问您对此有何感想吗？

尼　科：是的，我真的很沮丧。说实话，我很生气。我以为这个项目和以前那些不一样，但现在我不那么确定了。

管理者：如此说来，您的感受对您的行为和表现可能有哪些影响呢？

尼　科：嗯，我不确定。我是说，我没想过。

管理者：好，那么看看昨天的会议，它是怎么影响您的呢？

尼　科：嗯，这很明显，不是吗？我想我只是对整个事件感到烦躁。

通过承认尼科的感受并让他思考这件事对他的影响，我们正在解决的可能是尼科个人发展的关键问题。当您读到这里时，可能会想："是的，这很棒，但需要的时间太长了。为什么我们要问尼科他是怎么想的呢？

直接告诉他并要他转变态度，这不'香'吗？"当然，我们可以直接告诉尼科，说他态度不好，需要改进，这可能会让他在会议上表现得不再粗鲁（至少在一段时间内）。但他的自我认知可能依然保持不变，例如，他仍然认为全世界都是错的，只有自己是对的。如果只是告诉尼科要转变态度，我们虽然达到了让他遵守规则的目的，但并没有促进他的个人成长。记住，我们不仅是在解决具体问题，也是在帮助他人成长。

> **要点速览**
>
> **快速总结，创造奇迹**
>
> 在教练式对话过程中，教练做出的简短、准确的总结往往能取得出色的成效。无论是对整个对话的总结，还是对刚听到的几个关键点的梳理，都能让双方受益匪浅。记住，及时且准确的总结能够澄清对话，缓和紧张的气氛，还能为人们提供额外的思考时间。如果对话偏离主题，总结还能让讨论重新聚焦或回到正轨。不过，需要注意的是，过于频繁地使用总结可能拖慢对话进展，甚至让对话变得乏味。因此，总结这个技巧虽好，但也不要滥用，一定要适度！

接下来，继续深入探讨这个话题。

管理者：好的，那我们来回顾一下目前的情况。您感到沮丧，是因为这个项目并没有像预期那样促进团队的紧密合作，也没有顺利推进工作。

尼　科：没错。

管理者：您这种沮丧的情绪对团队中的一些成员产生了负面影响，就像昨天会议中您的表现那样。

尼　科：是的，我想是这样。嗯，是的，可能我昨天确实是有些急躁了。

管理者：但您对这个项目所追求的目标依然充满热情，因为您坚信这才是真需求。

尼　科：是的，是的。我真的有这种热情。您看，就连这次谈话都让我觉得有些心烦，因为我突然意识到，我一直强调我们团队应该做到的事情，恰恰也是我自己没有做到的，那就是团队合作。

通过简要、轻松的总结，管理者缓解了尼科的压力，并引导他反思自己说过的话。同样，管理者留出的空间和适度的抽离，也帮助尼科意识到一个重要的事实：他也是问题的一部分，而不只是一个寻求解决方案的人。或许，最后一次深入探究尼科的想法是值得的，单纯地看看他内心的真实感受。

> 管理者：好的，那我可以问您一下您现在对这些事情有什么想法吗？
>
> 尼　科：嗯，说实话，我觉得我需要重新调整一下。显然，这些事情影响我了，对我没有任何帮助。
>
> 管理者：我也认同这一点。那么，您觉得您需要做什么呢？
>
> 尼　科：我觉得我需要弄清楚我主要有哪些困扰，并尝试解决它们。我认为这不会涉及所有的事情或所有人，我觉得只是一些还没有得到处理的关键问题。

通过简单、开放性的问题，管理者可以帮助尼科以一种更有建设性的方式进行反思，例如：

- 好的，那您觉得您需要做什么呢？

- 您认为什么最重要？

- 还需要考虑哪些相关的因素？

我要补充的是，管理者要准备好提供进一步的反馈或意见，例如，"我不确定这是否足够"。不过，出于演示的目的，我们先进入下一个阶段。

要点速览

不要过分强调行动，因为这可能会让您失去平衡

有时候，我们在商定行动时过于迂回或强硬，以至于破坏了教练式对话的"成人对成人"对等原则。例如，在教练某人围绕某种情况产生想法之后，我们突然变得强势起来，说出这样的话："好的，那么您打算做什么？什么时候做？我会看到怎样的结果？"

请记住以下注意事项：

- 不同的人和不同的情境需要不同程度的约定或细节；

- 您需要放下"我来负责"的态度，转而采取这样的态度："我知道我可以信任您"；

- 如果不设定底线，大多数事情都可以是"死循环"。例如，如果我说我会做某件事，但没有做到，您可以在我们的下一次会议上提出来。如果随着时间的推移，这成为一种行为模式，作为教练，就可以直接终结这种行为模式，例如："我注意到，您承诺做的一些事情没有完成。我们可以谈谈吗？"

记住，您与同事有长久的关系，所以一旦您表现出成熟，其实也是在鼓励他们变得成熟。

11.6 第4阶段：得出结论和达成共识

在这个阶段，将对话的主要线索汇聚在一起，看看可以得到什么结论、想法和前进的方向。在真实的对话中，想法或解决方案通常先在前一个阶段浮现，然后在这个阶段中得到完善。在我们与尼科的简短示例中，这种情况还没有发生，尽管，他现在似乎已经准备好考虑这些想法了。让我们继续对话。

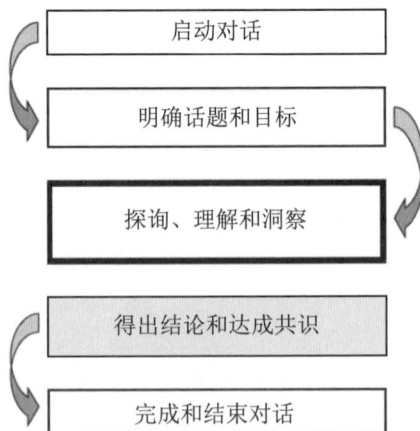

教练路径

启动对话

明确话题和目标

探询、理解和洞察

得出结论和达成共识

完成和结束对话

管理者：好的，您觉得您有一些特别在意的关键问题，比如团队没有齐心协力，所以没有聚焦于立项而要关注的沟通问题。

尼　科：是的，可能只是一些关键的事情。如果我们解决了这些问题，就会做得很好。

管理者：赞同，凭借您与业务的紧密关系，您可能处于一个很好的位置，能够看到真正的问题。那么，您打算怎么做？

最后一个问题（"那么，您打算怎么做？"）相当重要，因为管理者得出结论，尼科已经准备好了，他会从讨论问题和结论转向寻找解决方案。这个问题还假设尼科能够作出决定，这种做法明确表明管理者信任尼科的能力。这激发了尼科的责任感。当然，如果尼科的想法不合适或者是荒谬的，那么管理者依然可以介入。例如，当听到一个考虑不周的计划时，管理者可能会提出一个问题，让尼科考虑行动可能造成的影响，例如，"您认为营销部门会对此作何反应？"或者，如果这个想法真的很疯狂，那么管理者可以提供温和的意见，例如"我认为这可能超出了我们最初商定的项目条款范围"。我们仍然可以在不成为家长或控制者的情况下施加影响，我们不必说："您不可以这样做，我们不允许您这样做。"

让我们接着在"那么，您打算怎么做？"这个问题之后继续对话。

尼　科：我想再次召集团队，给他们讲讲我的困扰。老实说，我认为我们中的许多人都有这样的感受，我知道戴夫肯定也有。当然，我可以提一个更进一步的计划，如果大家能够一起做，效果会更好。

管理者：我认为这很明智，让大家共同参与。好的，您认为会议的形式是怎样的？

尼　科：我认为我们需要更开放一些，讨论一下我们的两种感受，刚开始这个项目的时候和现在。然后，我们需要决定重新聚焦，找到重点。

管理者：好的，我想我仍然想知道，哪些因素会阻止这次会议像昨天那样？

尼　科：是的，嗯，这跟我有点关系，不是吗？我可能需要和一些人建立联系，我需要考虑一下。也许最好采用非正式的方式，我不确定。

管理者：我觉得他们肯定欢迎这样做的，我确实认为这会为下一次会议营造更好的氛围。那么，下一步您要做些什么呢？

尼　科：对啊，是的，我认为我得离开，去做会议计划了。我需要会议概要之类的、不那么花哨的东西，我现在一下子说不清楚。

管理者：是的，我能理解这一点，这值得花时间。这么说来，我什么时候会收到您的反馈呢？

尼　科：明天吧，我想找几个人谈谈。

正如您所看到的，这位管理者做得很少。为了展示弱指导型风格，我刻意减少了管理者的输入。实际上，管理者可能会合理地提供更多的意见或观察结果，例如：

- 尼科沮丧的情绪削弱了他保持机敏并在团队中发挥关键作用的能力；

- 尼科有时会深陷于问题之中，难以专注于寻求解决方案；

- 一旦尼科帮助他人（如索菲亚）取得成功而非取消对他们的支持，他将更有影响力。

同样，这些都建立在"支持"尼科个人成长的观点之上，而不是建立在"解决"问题的指令上。其中任何一条或全部都可以温和地置于"探询和理解"阶段，或者可能的"得出结论和达成共识"阶段。但如果做得太早，反而可能让他们感觉有点过于评判（并产生防备心理）。重要的是，应该以这样的方式表达，让尼科觉得他的管理者正在尝试支持他并使其取得成功，而不是批评他，攻击他。

好，快到最后一步了，让我们来总结一下。

11.7 第5阶段：完成和结束对话

在这里，我们只是将对话引向结束，同时"留有余地"，以便根据需要再次启动对话。同样，以恰当而热情的方式结束对话，这方面您有丰富的经验，因此本次对话也将就这样结束。

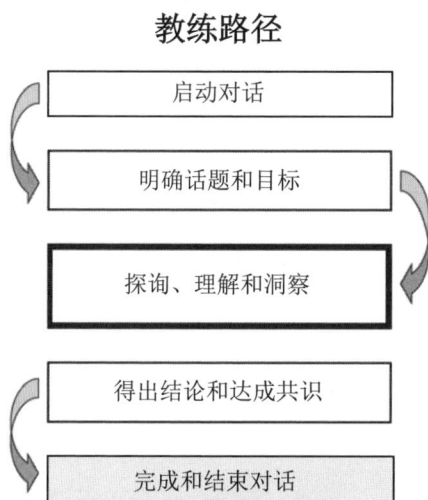

教练路径

```
┌─────────────────────────────┐
│          启动对话            │
└─────────────────────────────┘

┌─────────────────────────────┐
│        明确话题和目标        │
└─────────────────────────────┘

┌─────────────────────────────┐
│        探询、理解和洞察      │
└─────────────────────────────┘

┌─────────────────────────────┐
│      得出结论和达成共识      │
└─────────────────────────────┘

┌─────────────────────────────┐
│      完成和结束对话          │
└─────────────────────────────┘
```

管理者：好的，听起来计划很完备。要不，我们这次就聊到这儿？这对您有帮助吗？

尼　科：有的，好，是这样。这确实让我松了一口气。是的，对于整件事情，我现在感觉好多了。

管理者：太好了，尼科。我很高兴听到您这么说，那我们稍后见。祝您愉快。

现在，您可能会想："好吧，那么尼科什么时候会向索菲亚和艾丽卡道歉呢？难道这就结束了吗？"嗯，我们需要记住以下内容。

- 我们面对的是成人世界里的成年人（毕竟不是在学校，犯了错会被罚）。我们的目标不是证明尼科错了或者让他难受。

- 我们相信尼科是一个好心又成熟的成年人，因为他已经表达了他需要"牵线搭桥"，我们可以假设这意味着他打算联系索菲亚和艾丽卡。我们已经进行了充分的交谈，明确指出他的行为产生了负面的影响。

- 尽管我们也有责任照顾索菲亚和艾丽卡的感受，但归根结底，她们也要对自己负责。过于护着她们，可能会降低或贬低她们的地位。

11.8 有效跟进的重要性

尼科说他会在几天后同步最新进展，无论是询问进展还是确认成果，都为后续的跟进对话提供了机会。在尼科努力改善他在这种情况以及未来类似情况下的意识和行为时，管理者也需要保持积极的意愿为他提供支持。

这个话题也与尼科后续的职业发展有关，因此您可能选择再次提及这个想法，也许可以作为定期碰头会的一部分。显然，如果问题行为仍然继续存在，那么您可能会更快进行对话。记住，管理员工是没有止境的，真正的行为改变往往都需要较长的时间。

> **重点回顾**
>
> 作为专注于员工行为表现的管理者，教练路径有助于您与消极的趋势或行为进行有建设性的对话。与前一个场景不同，在教练路径中，您鼓励教练对象在整个过程中"主导"对话，然而在这个例子中，作为管理者，您保留了"明确主题和目标"的主导权。当您清楚地知道主导对话的话题和目标时，就可以适当地保留对话的控制权。然后，在"探询"阶段，您让对方参与，了解他们的看法。在"达成共识"阶段，我们再次鼓励您以建设性的方式推进，例如"未来就会出现这样的转变"。

第 12 章

计划内对话：
员工和管理者都有话题

本章的场景是对前两个场景的延伸，即管理者和下属都有话题要讨论。为了保证完整性，我们首先展示对话的开头。在这个场景中，您面临的挑战主要是判断什么场景可以应用教练对话（可以用弱指导型风格处理）以及什么场景不可以应用教练对话（您只需要确认或反馈信息）。对我来说，挑战在于重点展示大多数事情实际上都可以进行教练对话。一旦能够抑制住那种"直接告诉对方答案"的本能，您就会意识到这一点。

接下来，我们来想象一下，您正在和团队中的一名成员定期召开碰头会。他知道需要带着自己准备好的目标，通常他会带来一个目标清单。您也有一些想要讨论的话题，所以您想把它们加入清单中。这次会议是与玛拉一起进行的，她在一个繁忙的客服中心管理着一个小团队。

12.1 第 1 阶段：启动对话

在初始阶段，需要先打招呼，让彼此感到放松，进而营造出一种与工作相关的对话氛围。和之前一样，您可以根据实际情况来判断这次沟通需要多么正式还是多么随意，但尽量保持轻松。过多的专业术语可能会在沟通中营造一种不平等感，从而降低融洽感和开放性。

教练路径

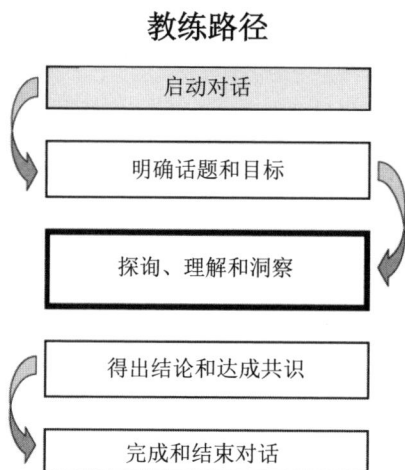

启动对话

明确话题和目标

探询、理解和洞察

得出结论和达成共识

完成和结束对话

管理者：玛拉，您好！天哪，这里有点冷，我调一下空调的温度。您怎么样，最近如何呀？

玛　拉：嗯，其实还不错。很忙，您知道的，我其实没有时间做这个，但我感觉好像很久没见您了。

管理者：我知道，一转眼就要过圣诞节了！好，我们开始吧。这次我们有多长时间？有 45 分钟吗？

玛　拉：是的，但如果这个房间的室温上不来，我可能要提前离开！

如您所见，两个人相当熟悉而且关系融洽。显然，如果您不太了解某人，可能需要更加正式一些，但您最有资格判断对每个人来说什么才是最合适的。

要点速览

终结救火模式！

对于管理者来说，教练式对话是一个挑战，因为他们通常必须倾听某些问题，而这些问题会在某种程度上影响到自己。例如，当您的团队成员表示他们无法应对超负荷的工作时，您会感到这归根结底是自己的责任。因此，大多数管理者都倾向于快速"解决"问题，比如告诉下属怎么做或者以某种方式采取行动。为了有效地进行教练对话，我们必须进入教练模式，而不是进入"听到问题就解决问题"模式。作为一名管理者，您可能觉得在对话中必须保持沉默或旁观。这既需要自我意识（即需要觉察到自己已进入"救火"模式），同时也需要自我管理。随着时间的推移，整个过程会变得更加自然，尤其是在您体会到教练式对话的好处之后。

12.2 第 2 阶段：明确话题和目标

在这里，我们将一起构建话题，因为管理者和玛拉都有自己要讨论的事情。最好先听听玛拉的意见，因为她对自己的情况最清楚。我们还希望保持这样的感觉：她需要主导并充分利用这次教练对话的机会，并且准备好积极参与对话。让我们继续讨论。

管理者：好的，那我们稍微聚焦一下。告诉我，您希望这次教练对话能给您带来什么收获？

玛　拉：嗯，我想谈三件事：我们在销售上的最新成果、我们刚刚了解到目前的业绩以及当前的预算分配。我对此有一些想法。哦，我还想谈谈我们团队中某些人的行为问题，想向您征求意见。

管理者：太好了，我也想继续讨论上次的客诉升级和相关社交媒体评论的挑战。

玛　拉：啊，是的，关于那个，我也有一些新的消息。

> **名词解释**
>
> **同情**
>
> 指的是与他人分享感受的行为。例如，如果您感到沮丧，我也会感到沮丧；如果您感到悲伤，我也如此。
>
> **共情**
>
> 能够理解、欣赏或感知他人的感受，但不必自己承担对应的情绪。
>
> 在教练过程中，共情通常比同情更适合。例如，相比表达同情的说法"这太糟糕了，我也感到愤怒"，"我理解这让您感到不安"更合适。
>
> 在共情的表达中，我们保持客观和中立，而在同情的例子中，我们也变得愤怒，因此变得不那么客观。您希望在对话中帮助对方保持头脑清醒，发挥其解决问题的能力，而不是让他们单纯地感到生气，因为那可能无济于事。然而，在某些情况下，共情可能显得有些冷漠，而同情可能更适合真正令人难过的事件，例如在危机、损失或创伤等情况下。

那么，哪些可以通过教练方式来解决？哪些又不可以呢？

现在，从玛拉和管理者想要讨论的话题列表中，我希望您注意到一点：有些话题似乎比其他话题更适合用教练方式来处理。

- 销售结果：玛拉可能有些好消息要和大家分享。假设这些消息没有问题，也就是说它们实际上非常好，那么这个话题可能就不适合选择教练路径来进行。不过，您可能想问一些教练式的问题来促进学习，比如"那么我们如何在这些结果的基础上继续前进？"

- 预算分配：玛拉似乎有些想法，希望以某种方式加以改变或改善。所以，这可能需要您提供支持或者澄清可能性。也许您会支持她的想法或者解释根据流程需要玛拉怎么做。这种情况下，可能更适合指令性管理风格，例如，"是的，您说得对，这正是我们需要的"或"不，我们不能那样做"，等等。或者确实可以通过教练方式来处理，只不过玛拉是需要一点时间和空间自主找到答案。也许她正在考虑今年的培训预算，因而对此犹豫不决。通过引导她进入思考过程（使用教练行为），您可以帮到她。

- 玛拉团队中某个成员的问题：这看起来显然适合用教练路径。毕竟，玛拉正在管理该员工，她对他的管理是她这个管理角色的关键。如果她与某人有问题，您能为她提供的最佳价值就是帮助她决定这个问题的处理方式。

- 客户投诉的问题：这也可能是一个教练机会。这意味着玛拉之前讨论过这个问题，而管理者想要了解最新进展。通过使用教练工具，例如探询和提出深刻的问题，管理者可以支持玛拉在此情境中保持理智。

让我们沿着这个阶段的路径推进对话：确定清晰的话题和目标。

> 管理者：对，我觉得这个事情可以分解为 4 个问题。

> 玛　拉：是的，结果、预算、菲比的问题和客户投诉。
> 我还要补充一点，最后两个问题是有关联的。

> 管理者：好的，您想从哪里开始？

> 玛　拉：我想是菲比的事，这让我有点烦。我们能先说那个吗？

> 管理者：好的，那我们就从那个开始吧。只不过我想说得更清楚一点，通过讨论这个问题，您想达到什么目的？

> 玛　拉：嗯，我想我应该解雇她，但我想知道这样做对不对。

所以，这里明确了玛拉的话题，也就是对话的目标。弱指导型管理风格就很适用于这个话题，因为玛拉有没有能力搞定这样的"刺儿头"。管理者很容易被卷入这种可能"有趣的问题"，并在这种潜在的戏剧性情境下给出建议。然而，作为管理者，当您保持客观时，开展教练工作往往更容易。

> 一旦能够保持客观，往往就更容易开展教练工作。

12.3 第3阶段：探询、理解和洞察

在这个阶段，将对菲比的事进入探询模式。记住，我们的目标是理解并剖析玛拉的想法、观点和看法，而不是试图找到一个聪明的解决方案。一直以来，我们都假设答案必须来自玛拉。

> 管理者：好的，那您能给我讲讲菲比的一些事吗？
>
> 玛　拉：嗯，可不？星期五的时候，差点儿出事。我无意中听到菲比在电话中对客户非常粗鲁，于是，我不得不把她拉到一边，和她好好谈谈。
>
> 管理者：明白。
>
> 玛　拉：而且她的态度和我之前了解的一样，她似乎会在鸡毛蒜皮的小事上失去耐心，事后又后悔莫及。她能够马上意识到自己对客户说的话不合适，但在事发当时，她又非常抵触并千方百计地为自己辩解。
>
> 管理者：而且您之前和她多次讨论过这些问题，对吧？
>
> 玛　拉：哦，是的，好几次了，至少5次，我想。这就是我认为真的应该让她离开的原因，因为我认为这对团队的其他成员不公平。
>
> 管理者：但是您对此似乎又有些犹豫。

在这里，管理者采取了更加超然的观点，这是不试图"解决"问题或给出任何建议的好处之一。由于管理者更加超然，因而可以共情或与玛拉写在脸上的"心情"产生共鸣。将这种感觉反映给玛拉之后，便在对话中创造了一个有价值的转变。

教练并不只是抛出问题

当我们学习教练技术时，经常认为"不要告诉人们该做什么"这个教练原则意味着"通过提问来引发思考"。因此，我们可能误以为教练式对话就是一连串的问题，此外很少有其他内容。但实际上，这并不完全正确！向某人提出一连串的问题可能会给他们（以及您自己）带来压力。因此，记得要做其他所有对话性质的小动作，比如总结、确认、沉思，甚至是一些"闲聊"。例如，您可以这样说："好的，我明白了，那确实是一项相当大的工作，不是吗？"或者"好的……嗯……哦……"这些话语可以让对方释放压力，使对话更加自然流畅。记住，教练对话始终是双向的。第8章中提到的"柔性领导力"可以帮助教练式对话变得更加自然和流畅。

继续对话。

> 玛　拉：嗯，说实话，我是有些犹豫的。我的意思是，
> 她是个好姑娘，真的很可爱，只是有些不成熟，
> 您知道我的意思。她只是需要淡定一些，您知
> 道的，她要意识到这里不是学校，不是老师在
> 责备她，而是那些往往有正当投诉原因的客户。

> 管理者：那么，您认为是什么让她失去了耐心？

> 玛　拉：[停顿]您知道，我觉得是因为她把事情看得太
> 有针对性了，就像要对抗客户，甚至对抗整个世
> 界！并不是她本人犯了错，通常是服务工程师犯
> 了错。但您会觉得，承认我们犯了错对她来说很
> 致命。

> 管理者：那么，您打算怎么做？

> 玛　拉：嗯，星期五那天，我真的感觉到自己"受够了"。
> 我要接受事情不会有任何改观的现实。

> 管理者：那么现在呢？

由于管理者能够客观地看待对话，所以他注意到了玛拉的言外之意，因为玛拉的态度很矛盾。管理者的角色是帮助她决定她想做什么。

> 玛　拉：哦，我不知道，可能得狠狠地教训她一顿！她
> 是个急脾气。我只是觉得她真的有潜力，您知

道的——她比大多数同龄人更优秀，也许她只
是需要一些培训或者其他什么的。

> 管理者：那么，您是怎么考虑的呢？

最后一个问题是我所说的"巧妙的含糊"，因为它在轻轻探询潜在
想法的同时，留出了较为宽泛的回应，使对话更深入。

> 玛　拉：我不确定。我认为了解如何应对难缠的客户对
> 她有帮助。她可以向尼尔学习，那家伙在危机
> 中非常冷静，简直可以当联合国维和人员了。

> 管理者：那可行吗？

> 玛　拉：您知道，可能还行。我的意思是，我们可以
> 很快让她把电话录音设备用起来，让她回放，
> 听听尼尔是怎么回应客户的。

再次，我们的管理者除了引导玛拉思考并让她表达自己的想法与感受，
几乎没有做什么。好处是，玛拉似乎厘清了自己的思路自行做出了决
定。我们现在已经准备好进入下一个阶段"形成结论和达成共识"。

12.4 第 4 阶段：得出结论和达成共识

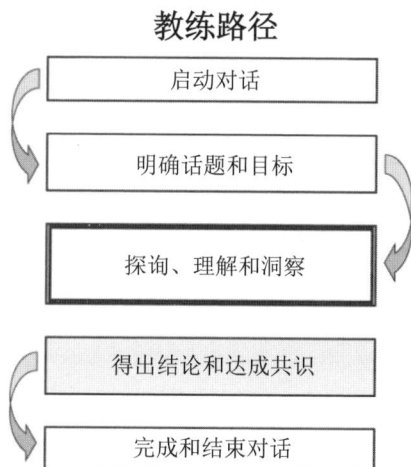

教练路径

```
         启动对话

       明确话题和目标

      探询、理解和洞察

     得出结论和达成共识

       完成和结束对话
```

在这个阶段，我们将对话进行整合，让玛拉分享自己从对话中收获
了什么，并明确行动计划。在这个阶段，管理者可以采取以下步骤。

管理者：好的，那么关于这次对话，您是怎么决定的？

玛　拉：［笑］嗯，我显然不会解雇她，对吧？我想她是我自己个人的挑战，我是不会放弃她的！

管理者：［笑］是的，我确实认为她值得尝试一些不同的方法。您打算怎么做？

玛　拉：我打算让她坐在尼尔旁边，让她听听尼尔是怎么打电话的。如果还不见效，我可能会跑出门尖叫或者做些别的什么疯狂的举动！

管理者：［笑］好吧，如果那种情况发生了，我就知道该怪谁了！不过我确实认为您这个计划很好，想着您可能扭转这种状况，我就觉得很好。记得告诉我您的进展，我很感兴趣。

玛拉真正地受益于倾诉问题和发现自己的真实感受，现在她已经表达了自己最初的挫折感。玛拉和管理者还有更多话题要讨论，如以下简短的对话所示。

管理者：好的，那我们来看看其他的话题，我的笔记里写着预算需求、客户投诉和销售推广。接下来您想讨论哪个？

玛　拉：我们先讨论预算分配吧！因为那里只需要探讨一个想法。然后是我们在那几个投诉上取得的进展。最后再讨论最近销售活动带来的好消息。

管理者：听起来不错！好的，请帮我理解一下预算的情况。

决定何时进行教练（以及何时不进行教练）

如前所述，作为管理者，您需要决定余下的话题是否有必要或适度采用教练式对话。为此，需要考虑以下三点。

1. 玛拉需要您的支持来做决定还是希望您可以帮助她更清楚地了解这个话题？例如，"一位客户在社交媒体上对我们进行了不公正的批评，我不确定我们应该如何在网上做出回应。"

2. 关于这件事，玛拉只希望您一个人知道吗？例如，"这位客户投诉了，我们回复了他，解释并解决了问题，他现在很满意。"。

3. 关于这个事，只有您能评判／决定／批准吗？例如，"我想将多余的招聘预算重新分配到培训上，我需要您的审批。"

从上述情况来看，第一个场景似乎最适合进行教练对话，而第二个场景可能需要您倾听并提供反馈。第三个场景则需要您指导性地回应（说"是的""不"或"也许……"）。然而，重要的是记住一点，一旦培养出灵活的对话风格（参见第 8 章中的垫脚石模型），我们就可以在对话中改变我们的影响方式。在第二个场景（投诉的客户）中，可以考虑以下对话样本。

> 玛　拉：于是，我们就向客户解释说，他在输入同一件商品的不同颜色时只给了我们一次折扣码，因而造成了混淆。他意识到这基本上是他的错，感到有些抱歉，所以已经撤回投诉，删除了自己在社交媒体上发的差评，我认为他自己都觉得有点尴尬。

> 管理者：是个不错的转变，不是吗？特别是考虑到他之前在我们的 Facebook 页面上表现得那么愤怒！我在想，您认为我们从中吸取什么经验教训吗？

> 玛　拉：我不确定。您这是什么意思？

> 管理者：我在想我们如何才能避免这种情况再次发生，因为这似乎是一个很容易犯的简单错误。

> 玛　拉：嗯，我不确定，因为我不知道网上的订单表格有没有办法检查或发现这个问题。

> 管理者：［保持沉默］

> 玛　拉：让我和技术支持团队的人谈谈，看看有什么解决办法。也许他们可以做一些检查什么的。

12.5　第 5 阶段：完成和结束对话

在这个阶段，检查是否可以结束对话，然后以适当的方式收尾。考虑到玛拉与其管理者之间的熟悉程度，这个步骤是相对简单的。

教练路径

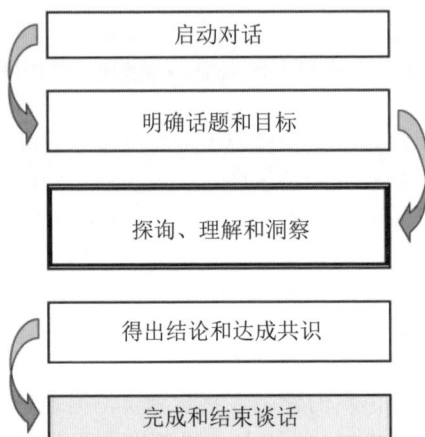

管理者：好的，玛拉，我和您确认一下，我们这次对话可以结束了吗？

玛　拉：可以，对于我们取得的成果，我感到很满意，特别是菲比那件事，我还在为那样的结果感到高兴呢！

管理者：［笑］好的，附议。我们在相当短的时间内探讨了很多内容，这很棒。

玛　拉：真的很赞！好的，我下午3点有个客户回访，那就先再见了，谢谢您。

请注意，这次对话轻松和非正式的风格意味着这是一个让对方自信且有效的教练过程。再强调一下，保留自然的对话风格很重要，同时还可以采用一些简单的原则，例如更多倾听，更少说话，假设其他人能够提出有效的洞察、结论和想法。

> **重点回顾**
>
> **员工和管理者都有话题时**
>
> 即使您也选择了强指导型的或直截了当的方式，在对话中融合教练方式也是可能且有益的。显然，并非每种情况都适合教练方式，这里的原则将帮助您进行独立判断。此外，教练式对话可能会让教练对象觉得疲惫，尤其是他们不习惯这种方式的时候。探询过程中，因为要求他们即兴分享自己的想法和观点，所以在对话中更需要用心。
>
> 一旦我们培养出更灵活的影响方式，例如使用垫脚石模型，我们在日常工作对话中使用教练方式就会变得更加自然，效果也会更好。

第 13 章

计划外对话：响应式教练

响 应式教练，当我们以自然的教练姿态来回应某人日常的问题或挑战时，采取的就是这种教练风格。当有人向您提出问题时，与其直接解决问题（或告诉他们应该做什么），不如教他们独立思考和行动。响应式教练的大多数应用场景为实际的工作环境，例如与同事日常的讨论和闲聊。响应式教练的原则不仅适用于面对面的交流，而且还适用于 Zoom 或 Teams 会议、电话通话甚至电子邮件沟通，可能从新手同事的琐碎问题，如"会议室被重复预订了，我们该怎么办？"到更重要的"系统崩溃了，我们无法处理订单"。作为管理者，响应式教练的回应优于任何指导型的指令，甚至更好。如何在这样的情况下即兴进行教练对话并推动任务取得进展呢？图 13.1 展示了一个很有用的三步模型。

图 13.1 响应式教练

假设您正管理着一个繁忙的客服团队。团队成员蒂姆带着他希望您解决的问题找到您："我接到一个客户的电话，他想退回一个有瑕疵的产品，但保修期是 12 个月，现在已经超出 3 天了，我该怎么跟他说？"

您认为，这是蒂姆自己能够解决的问题。或者，您想鼓励他，让他更自信地探索自己的潜力或者简单地挑战他这种典型的"我想甩锅"的工作态度。

> **要点速览**
>
> **工作原则**
>
> 支持响应式教练原则的快速回顾如下：
>
> - 这是"成人与成人"的对话，即在对话中双方是成熟且平等的；
>
> - 对方既对自己带来的问题负责，也对针对该问题采取的行动负责，这没有问责的意思，而是因为他们有权进行独立思考和采取行动；
>
> - 他们对自己的处境有自己的想法，或者可以让他们挑战自我，为自己找到一个有建设性的行动策略；
>
> - 您为对话增加价值的方式是，引导他们梳理想法和观点并让他们使用有效的提问方式，同时给出您的观察和反馈；

> - 虽然您可以提供一些经验和专家建议，但您更希望他们自己能够独立想出解决方案。您尽量不直接给出答案，直到您再不给出答案就会让自己显得很愚蠢。即使那样，您也只是"温和地建议"："我可以提个建议吗？"

13.1 第 1 阶段：寻求理解

首先，开始提问和倾听，这个过程可以揭示关于现状的全部事实和您可能探索的领域，具体如下：

- 如此说来，关键事实是什么？例如，发生了什么？

- 在这种情况下，哪些看起来很重要？

- 还有哪些看起来可能与此相关？

这个阶段，要为管理者和团队成员快速澄清上下文。让我们继续以蒂姆为例。

在接下来的对话中，管理者使用简单的问题、总结和观察，鼓励蒂姆深度参与对话。以这种方式启动对话能使蒂姆保持对问题的责任感。这也是"革除"管理者陋习的一种方式，因为管理者专注于理解问题而不是越俎代庖地"解决"问题。像往常一样，我简化了对话以减少您的阅读时间。对话可能像下面这样。

> 蒂　姆：我接到一个客户的电话，他想退回一个有瑕疵的产品，但保修期是 12 个月，已经超出 3 天了，我该怎么答复他呢？

> 管理者：好，还有其他什么情况？

> 蒂　姆：嗯，是一台汽油割草机。他说他只用过几次，是在他的花园完工之前买的。不过不管什么原因，这是他今年第一次拿出来用，然后，启动绳就断了。

> 管理者：那么，他提了什么要求？

蒂　姆：嗯，他以为还在保修期内，所以他期望我们要么给他换，要么给他修。我告诉他这些我们可能都做不了，毕竟已经过了保修期。

管理者：好，还有别的什么吗？

蒂　姆：我不知道，您这是什么意思？

管理者：嗯，在我们做出决定之前，还有没有其他需要考虑的？

蒂　姆：呃，我不知道。嗯，我猜是公平性或客户服务之类的问题……我的意思是，他只用过几次。而且，他听起来是个很诚实的人，他并没有耍花招什么的。

管理者通过询问团队成员来尽可能呈现全部事实，这对双方都有帮助。管理者对蒂姆进行询问，帮助他思考并针对当前问题作出决定，同时也教蒂姆学会了未来在遇到类似的问题时如何思考。蒂姆下次遇到类似情况时，他可能会自己重复类似的思考过程，例如对自己说："好吧，为了做决定，我还需要考虑其他哪些方面？"

> **要点速览**
>
> **教练以一种与众不同的方式做出贡献**
>
> 在教练过程中，管理者以不同的方式创造价值，即推动着其他人充分思考。有时可能知道答案但不直接提供，这需要一些时间来适应。因为您已经意识到，培养人们进行独立思考有极大的好处，对您来说比"快速解决问题"更有价值。这就是我们所说的"授人以渔"。随着时间的推移，下属会期待和您这样进行教练对话，使其能够掌握并熟练应用这个思考过程——这就是赋能。

让我们继续进入下一个阶段。

13.2 第2阶段：专注于对方的潜力

这个阶段要求管理者改变自己"解决问题"的典型心态，要求他们先假设蒂姆是解决方案的源头。当您想象自己就是本案中的管理者时，必须克制并放下马上动手解决问题的冲动。在蒂姆的对话情景中，管理者听完蒂姆的陈述之后，也许能够做出行动决定。但相反，他们必须尝试从下属那里获得结论、选项和行动。例如，管理者可以这样提问：

- 那么，我们／您有哪些选择？

- 好的，您的提议是什么？

- 您现在想做什么？

1 寻求理解 **2** 专注于对方的潜力

在这里，管理者引导团队成员进行思考并提出建议或想法。当然，团队成员可能没有任何想法，或者他们提出的方案可能不合理或者不适合。但要记住，在给出直接指令之前，管理者还可以先"松松土"。例如，管理者可以这样启发他们：

- 提供一个总结，例如，"所以他的割草机几乎没怎么用过——您相信他的说法——而且只是启动绳断了。您觉得我们应该提供优质的服务，那么在您看来，什么服务才是合适的？"

- 给出一个观察反馈，例如，"嗯，听起来您认为我们似乎应该为此做些什么，您在思考怎么做才是公平的。"

我们继续蒂姆和管理者的对话。

> 管理者：如此说来，您有哪些可能的选项呢？

> 蒂　姆：嗯，我们可以什么都不做——告诉他我们帮不上忙。我们可以提供修理或者更换服务。我想我们甚至可以退款，但那似乎有点过分……

> 管理者：如此说来，怎样才合理呢？

> 蒂　姆：我认为我们真的应该主动提供维修服务。

管理者与蒂姆一起有效地走通了一个逻辑决策过程，鼓励着蒂姆自行得出结论和做出决定。管理者影响了蒂姆的思考，没有施加任何控制。例如，通过询问"什么是合理的？"管理者提醒蒂姆需要将自己的建议保持在合理的业务范围内，使其能在一个"美妙"的解决方案与一个合理的解决方案之间取得平衡。如果想进一步降低管理者的影响力，还可以再提一个更开放的问题，例如，"那么您想做什么呢？"

13.3 第 3 阶段：鼓励行动

在这个阶段，管理者将引导团队成员参与并鼓励他们采取行动。我们要确保解决方案的主导权仍然在团队成员手中，作为管理者，保留适时提供支持的机会即可。例如，管理者可能会像下面这样说：

- 这听起来像是个好计划，那么下一步是什么？

- 有什么需要我支持的吗？

- 太好了，期待听到您后续的进展情况。

1 寻求理解 **2** 专注于对方的潜力 **3** 鼓励对方独立思考和行动

这个情景很直接，而且我们需要快速得出结论（记住，客户还等着呢！）。以下是这个例子的简单收尾。

> 管理者：好的，那您打算怎么做？
>
> 蒂　　姆：我要告诉他我们会提供维修服务，然后安排服务工程师去看看。
>
> 管理者：太好了，这个方案听起来对他和我们都好，谢谢您。

这个简单的例子演示了三步响应式教练模型。这个模型虽然不那么复杂或巧妙，但它确实倡导并促成了一种重要的心态转变，从"解决问题"转向"进行教练对话"。作为管理者，您的挑战并不在于理解这个模型，而是在于充分使用它！为了持续地进行教练对话，您必须在这些情况下保持自我意识，并认识到自己不需要为此给出答案。

13.4 直接搞定问题不是比教练方式更快吗

以下是同一个例子，但管理者在这种情况下选择"解决问题"而不是进行教练对话[1]。

> 蒂　姆：我接到一个客户的电话，他想退回一个有瑕疵的产品，但已超出 12 个月保修期 3 天了，我该怎么回答他呢？

> 管理者：好的，主要是什么情况？

> 蒂　姆：嗯，是一台汽油割草机，他说他只用过几次，是在他的花园完工之前买的。不管什么原因，他今年第一次拿出来用，启动绳就断了。

> 管理者：那么，他要我们做什么呢？

> 蒂　姆：嗯，他以为还在保修期内，所以他希望我们要么给他换，要么给他修。我告诉他这些我们可能都做不了，毕竟已经过了保修期。

> 管理者：好的，还有其他要说的吗？

> 蒂　姆：我不知道，您指的是什么？

> 管理者：好吧，告诉他我们会修，但实际上，我们不应该这么做，毕竟他已经过了 12 个月的保修期。

> 蒂　姆：好的，老板，我会照做的。

一切搞定了（老板）……解决了，那么问题在哪里呢？

有的人可能认为上述交流花的时间更短，在时间压力下，简单告诉蒂姆怎么做才合理。但要记住，虽然这种指导性交流节省了时间，但它也有时间成本，因为下次蒂姆在遇到类似的客户问题时，可能还会来请您来个"断案如神"。

---

① 译注：此处指的是三步响应教练模型。

蒂姆可能也会觉得自己位卑言轻，即使是最普通的决策也需要获得您的许可。出于各种原因，蒂姆可能喜欢这样，但如果他认为自己有一定的潜力、抱负或智慧，对此可能感到沮丧。

当管理者的回应始终是教练式风格时，蒂姆可能觉得自己能够弄清楚应该做什么，并且他的管理者相信他能做决定。这是许多组织的目标——拥有能够独立思考和有行动担当的主人公式的员工。

> 这是许多组织的目标——拥有能够独立思考和有行动担当的主人公式的员工。

13.5 教练技能的习得，电子邮件通常更容易

通过电子邮件来掌握教练技能是教练式回应的完美练习场景，因为在书面形式的沟通中，我们有时间去回顾、反思并根据自己的教练原则做出回应，例如：

- 我需要让问题的主导权留在员工（或教练对象）手中；

- 我需要鼓励他们提出建议、提案和想法；

- 我要避免过快地控场。

首先，探索自己通常的指导性倾向，例如回顾最近与团队成员的电子邮件交流，然后认真思考下面几个问题：

- 针对人们提出的问题或告诉他们该怎么做，我给出答案的时间有多快？

- 把事情留给人们并鼓励他们做决定，对于这样的事，我做过多少次？

- 在实际上并不需要的情况下，我在多大程度上强加了个人的意志 / 观点？

当然，有时候有些情况并不允许您使用响应式教练风格，如果确实如此，那就直接告诉人们他们应该怎么做。您的挑战在于识别所有自己实际能迅速控制局面或挽救局面但实则无须如此努力的情况。

电子邮件中可能用到下面这些措辞：

- 对于事态可能如何发展，我很想知道您的想法。您是怎样想的呢？"

- "您似乎很了解这个问题，对于如何选择，您能给我提供一些建议吗？"

- "显然，这是我们需要解决的问题。您认为哪些方法可能有用？"

您也可以很快创造出自己的方式，即找到一种让自己觉得自然的方式和风格。当您在电子邮件交流中练习教练式回应时，随着时间的推移，收件箱中的邮件可能变少，因为人们能预期您的回应并直接采取行动。或者，他们发来的电子邮件中的内容可能不再让您感到沮丧，因为他们只有在真正需要的时候才来寻求您的支持。

重点回顾

响应式教练

在现实情境中，运用教练原则来做出响应的能力要求我们将以前所有的想法、信念和技能整合于"当下"的对话或交流中。这就是我们所说的响应式教练，即把教练方式作为应对他人日常问题和挑战的自然反应。这个工具用途广泛，可以用在面对面、视频会议、电子邮件和电话对话中。虽然支撑我们前面这个三步响应式教练工具的思路很简单，但这种思路的挑战在于管理者需要在压力下进行不同风格的思考。例如，当有人给您带来一个棘手或有趣的问题并希望您来解决时，管理者的挑战是牢记一点：通过专注于"对方才是解决方案的源头"，才能帮助创造一个有建设性的推进方式，鼓励他们学习、发展和成长。

重点回顾

应用：教练技术，操练起来

教练原则与技术适用于日常工作中的许多场景，可用于正式的绩效评估会议以及食堂、电话中的简短对话等，其应用范围相当广泛。教练路径和响应式教练模型旨在帮助您应对可能遇到的任何情况。您的大部分挑战在于保持自我觉察，例如通过给出快速简单的答案来帮助自己控制住上手解决问题的冲动。一旦您和您的同事体会到教练手段给他们带来的好处，教练对话就会内化为您出于自愿而更频繁使用的行为方式。

第IV部分

行动（一）

第 14 章

保持精进

这是全书的最后一章，我们将深入思考您目前具备的教练能力。我们还将关注您未来的旅程，让教练成为您在工作环境中自然而然且不假思索就动手去做的事情。像往常一样，我会提供一些常规方法供您练习，帮助您准备开始未来的教练旅程。我还要提出一些问题，您可以把答案写下来，这对您可能有帮助。当然，我也会邀请您回顾整本书，它可以为您提供很大的帮助，所以请允许它继续为您提供服务！

14.1 当下处于什么阶段

到目前为止，我希望您已经找到足够多的信息和指导，使自己有机会成为一名教练型管理者。也许您可以将教练风格作为自己可以在工作中培养起来的一种常用风格，或者仅仅用于特定的人或特定的情况。您现在的挑战是继续教练旅程，并将教练原则自然而然地融入日常的工作中。您可能会有下面的想法和感受：

- 我知道这是我需要做的事情，我虽然也确实大致理解了概念，但并不确定我能否在所有情况下自然地做到这一点。如果我的行为突然开始表现得有些不同，难免有些担心别人对我的看法；

- 我一直在尝试记住要做的这些事情，有时我确实做到了，但说实话，一旦忙起来，我就特别容易故态复萌，像原来那样进入"自动驾驶"管理状态；

- 我对教练技术真的很感兴趣，但就是看不出我可以把它用在哪里；

- 有时候我觉得自己做到了，有时候又觉得没有，时好时坏的；

- 我明白！我已经在做了，它很适合我的个性和风格，这么说来，我只要在现有基础上继续提升就可以了。

> 现在的挑战是继续教练之旅，并将教练原则自然而然地融入日常的工作中。

当您读到这些描述时，会明白并没有所谓的"正确"与否，如是即是。无论前面哪种状态让您最有共鸣，您都处于一个完美的位置，可以从那里向前迈进。别忘了，在您拿起这本书之前，您已经拥有了现有的技能，并且这些技能都是您的长处。现在，您可以在这些技能的基础上，更灵活地将其应用于更多的人和更多的情境。

悬停与反思

现在处于什么阶段？

使用以下问题来考虑现在想关注的重点。如果有帮助的话，请写下您的答案。

问 在这本书的所有观点和信息中，哪些最能引起您的共鸣？

问 哪个想法最让您感到"困扰"，例如，您不喜欢它而被它困扰？

问 在工作场景中，如果可以改变一件事，您觉得会是什么？

您的答案将帮助您发现杠杆点，由此学习新的行为和获得更好的结果。例如不得不与人建立融洽的关系，这样的想法也许真的让您感到恼火，因为您觉得这样做过于"感性"。您之所以被这个问题困扰，也许是因为目前您对这种建立人脉关系（或联系）的方式感到不舒服。我认为，您的挫折指向的是自己当前管理风格中潜在的不足，因此算得上是一个学习的机会。

14.2 希望达到哪个阶段

反思当前所处的阶段之后，可以考虑怎么提升自己的教练技能。您可能很高兴有这种机会，认为教练方式可以融入日常工作行为方式。或者，您可能并不适合成为一名"纯粹的教练型管理者"。但也许您已经认识到，成为一名更好的倾听者可能有帮助，或者在某些情况下提出一些发人深省的问题有望为人们增加更多价值。

感知可能性

思考以下问题有助于确定教练技术有哪些好处。

（问） 如果您更频繁地以教练方式对待身边的人，会有哪些不同？

（问） 对于本书介绍的技能（建立融洽的关系、倾听、提问、柔性影响力和提供反馈），如果您能在某项技能上变得更好，哪项技能会为您带来最大的改变？又会有哪些改变？

（问） 您已经有哪些职业目标？哪些教练技能可以帮助您实现这些目标？

现在想象一下，无论自己怎么决定，现在都已经实现一个个小目标。例如，从今往后的一年，您已经使用教练技术一段时间——已经发生了哪些改变？考虑一下可能带给您哪些感受，以及其他人可能有哪些变化，比如他们对您可能有哪些反应。把自己能想到的想法都写下来。

14.3 如何达到理想中的阶段

认真思考目标，然后更仔细地规划未来的教练之旅。想一想您将如何练习自己想要掌握的技能。现在列出清单，要尽可能简单和实用，示例如下：

- 我要练习"保持当下"，以提高倾听的能力；

- 我要告诉我的团队，不要总是期待我给他们提供答案；

- 我要更频繁地定期举行一对一对话；

- 我要在对话中尽可能多使用提问的方式；

- 对于我的管理风格，我要请大家提供反馈。

14.4 可能遇到哪些阻力

在我们努力改变个人管理风格的过程中，通常阻力重重，会被现实狠狠地打脸。通过思考妨碍自己学习新技能的种种因素，我们可以为克服任何阻碍做好充分的准备。也许是您在某种情况下的懒，比如给出快速简单的答案，而不是进一步尝试帮助某人自行找到答案。如果知道自己在某种情况下有"避难就易"的倾向，那么至少可以在其刚刚露出苗头的时候就及时发现并提醒自己："啊哈！我知道我要这么做。"

💡 **悬停与反思**

阻力可能来自哪里

反思以下问题有助于识别可能阻碍自己进步的障碍。

🔵 到目前为止，是什么阻止了您采用教练行为（例如在阅读这本书时）？

🔵 对于本书介绍的技能（建立融洽的关系、倾听、提问、柔性影响力和提供反馈），您发现哪些最难掌握？为什么？

🔵 有哪些主要的因素阻碍着您将教练技能融入日常工作和生活中？

针对这些问题，一旦有了答案，就思考一下可能采取哪些行动来克服这些障碍。如果有帮助的话，就将自己的想法写下来。有时，仅仅承认这些障碍就够了，因为在某种程度上，一旦我们认识到它们的存在，就可以减少它们对自己的影响。

14.5 持续学习支持

花些时间想想自己在学习和成长之旅中需要哪些支持。也许您喜欢阅读或听有声读物，或者您更倾向于实践，或者您喜欢参加培训课程。也许您也喜欢向同事、导师或教练学习。有些人一旦专注于某个主题，就喜欢写学习笔记，记录自己的想法和体验，这是有帮助的。每个人的学习方式不同，所以要发挥创意，确定适合自己的方式来支持未来的学习。

14.5.1 免费教练材料

如果决定继续深入研究这个话题，可以访问我的网站：www.learnstarr.com，这里有免费下载的资料，在免费下载区域查找即可。那里的视频、练习、参考流程和说明，都可以帮助您练习和进一步提升教练技能。

14.5.2 教练型管理者视频合集

网站上还有一系列教学视频（付费资源）。我以这种方式来解释本书的重要观点和原则，还提供了由演员来生动呈现的响应式教练、垫脚石模型以及核心技能等相关练习。

> **重点回顾**
>
> **继续学习**
>
> 到现在为止，您已经反思了当下所在、意愿所至以及前进所想的阅读之旅。通过深入了解教练能力所带来的好处，我希望您有动力应对实践过程中的任何挑战。建立融洽的关系、倾听、提问、柔性影响力以及提供有建设性的反馈等，不仅能让您成长为一名卓越的教练型管理者，还能帮助您胜任任何角色并在职业生涯中取得更大的成功。
>
> 最后，我想说，希望本书已经为您的工作提供了强有力的支持，欢迎您随时重温本书并祝您在管理工作中用好和用对教练技术！